JN221340

小さな
エンジンで
暮らしてみたら

一田憲子

大和書房

はじめに

　若い頃、自分には何ができるのかわからなくて、ひたすら不安でした。でも、私はきっと何かができる、という根拠のない自信も、ひっそりと胸に抱えていた気がします。不安をエネルギーにして点火し、エンジンをフル稼働させて突っ走る。そんな無鉄砲さの中で拾い上げた経験は、かけがえのない宝物になりました。でも、人生後半になり、全力で走り続ける体力がなくなってくると、無駄なエネルギーを節約しなければ、進めなくなってきました。

　時を同じくして、もっともっと稼ぎ、素敵なものを買って暮らしをセンスアップすることも楽しいけれど、すでに家の中にあるものだけでも、今まで知らなかった新たな時間を生み出すことができる、とわかってきました。食器棚にあるお椀やお皿を組み合わせ、いつものご飯を食べれば幸せだし、縁側に差し込むポカポカとした光に触れるだけで、心が満たされる。

何かを得なくても幸せになれる――。それは私にとって大きな発見でした。炊きたてのご飯や、掃除をしたあとの凛とした空気を「おいしいなあ」「気持ちいいなあ」と味わえる自分になる。そのために、今までよりひとまわり小さなエンジンに載せ替えてみたいと思っています。そして、もう少しゆっくり、もうちょっと少なく……。

私はきっと、今までとは違う何かで心を満たしたいのだと思います。小さくて、ささやかな暮らしの中にも、「おお、そうだったのね」という新しい発見があるはずと信じています。

コツコツと、一歩ずつ

1～3月

1月 1日

すべてを「楽しんでやる」ということ

年末早めに実家に戻り、母の掃除やおせち作りの手伝いをしながら、両親の話を聞き、穏やかなお正月を迎えています。

さて、今年の目標は――

「楽しんで過ごす」です！

なんだかすごく当たり前のことですが、若い頃から私はずっとこれが苦手だったなあと思って……。

年末に、NHKで大谷翔平くんのドキュメンタリー番組を見ました。昨年こそ大飛躍の年だったけれど、メジャーに行ってすぐはなかなかうまくいかず、さらに肘を怪我して手術をし、多くのメディアに「二刀流なんて所詮無理！」と書かれていた大谷くん。そんな苦労の時代のことを私は全然知りませんでした。

そんな中で、アメリカの最先端のAI技術を使って自身のフォームを解析し、研究し、それができるようになる体をつくり……。同僚の選手たちには素直に教えを請いに行き、すぐにやってみたそうです。そんな積み重ねを経ての、あの大ブレイクだったというわけ。そして、

元エンゼルスの監督ジョー・マドン氏の言葉を聞いて思わずメモをとりました。

「重要なのは、野球をゲームととらえることだ。生きるか死ぬかではない。大谷のように野球を楽しむ選手は少ないんだ。楽しむことが、どれほど成功の原動力となるか軽く見てはいけない」

メジャーの世界は、とてつもないプレッシャーがあり、何をしても注目され、評価され、大きなストレスにさらされているはずです。でも、そんな野球の最高峰の舞台で、トライ&エラーで自分の可能性を試すことができる……。ストレスと野球の楽しさの両方を手にしたとき、多くの人は、ストレスの大きさに押しつぶされて「楽しむ」ことができなくなってしまいます。それを「楽しんでやる」。

そんな話を聞きながら、自分のことを思い返していました。駆け出しのライターだった若い頃、どうしたらいい仕事ができるか見えなくて、お金もなくて、いつも不安で……。でも、あの時期を今振り返ると、なかなか楽しかったなあと思うのです。ヒリヒリとした思いを抱えながら、時に、うまくいかず落ち込みながら、それでも自分で文章を書いて、それが初めて雑誌に載って。ジェットコースターに乗っているような毎日でした。

過ぎ去ってみれば、「あのときは楽しかったなあ」と思えるけれど、その渦中にあるときは、不安や焦りや悩みの方が大問題で、世界がそれ一色になってしまって、「楽しむ」という心をすっかり隅に追いやっていたように思います。今からは、これからは、私は目の前にきたことを、もっともっと「楽しんで」やっていきたい。

栗山監督は大谷くんのことを「楽しみながら、苦しみを超えていく」と表現していらっしゃいました。小さなことを、思い通りにならないことを、心配で押しつぶされそうなことを、忙しくてバタバタと飛びまわることを楽しんでやる。

そんな一年にしたいな、と思っています。

1月 5日

最後に見つけた母ふみこの工夫

仕事が始まり、通常の暮らしに戻っている方も多いことと思います。私のお正月休みは今日で終わり。午後には東京に戻ります。

昨日の夜ご飯は一田家定番の白菜鍋。これ、豚肩ロース肉を水に投入し、塩だけで味つけをして白菜を入れる、という鍋なのですが、超おいしい！　塩加減が絶妙です。そして食後はカレー作りを。いつも実家から帰る前にカレーを作って置いてくることにしています。私が帰ったあと、父と母が食べられるように。玉ねぎを30分間炒めておいしくできました。すべてが片づいたあとは、ソファに座って母とおしゃべり。なんだか実家での時間が濃密すぎて、ちゃんと仕事に復帰できるか心配です。

夜、寝る前に、これからのスケジュールを確認しようと食器棚横のカレンダーをめくっていたら……。バスの時刻表と、ゴミの予定日、そして父、母それぞれの病院の日程などを書いたメモが、カレンダーをめくった下に、ちょうど隠れるように貼ってありました。

たった二人しかいないのに、お客様なんて、ほとんど来ないのに、部屋がごちゃついて見えないように、目に触れてほしくないものは、見えないところに貼る。気持ちよく暮らすために、ちょっとひと手間をプラスする。

私のドタバタ生活に足りないのは、このこまやかさなんだよなあ。帰ったら、冷蔵庫にあれこれ貼ったメモを取りはずそう！と決意しました。

白菜鍋

材料……豚肩ロース薄切り肉300g、白菜1/4個、水1リットル、塩大さじ1と1/2

作り方…白菜は葉と茎に分けてひと口大に切る。豚肉は食べやすい大きさに切る。鍋に水と塩を入れて沸騰させ、豚肉と白菜の白い部分を加える。火が通ったら白菜の葉の部分を加える。味をみて、味が薄かったら塩を加えて調整する。

何を成し遂げるかより、日々何を感じるか

自宅に戻ってきました。朝、ウォーキングに行き、やっといつもの日常に。庭では、クリスマスローズの花が一輪だけ咲いていました。一昨年に植えた水仙が去年は咲かなくて、今年こそ！と思っていたのに、つぼみすらつけておらず、ちょっと残念。夫の「これ、ほんとはニラなんとちゃう？」という一言に、思わずぷぷっと吹き出してしまいました。

5日にスーツケースをゴロゴロ引きながら吉祥寺の街に戻ってきたとき、「ああ、また一年が始まるのだなあ」と思いました。

一週間、実家という別世界にいたので、自宅に戻ると、メガネをかけ替えたように日常が鮮明に感じられます。6日の朝には、掃除機をかけ、隅々まで拭き掃除をしました。年末に買っておいた新しいタオルを洗面所にセット。キッチンのスポンジを替えたり、書斎の机の上を整理したり。

そんなふうに家の中をくるくる動きまわりながら、改めて「何かを成し遂げるより、日々何を感じるかだなあ」と思ったのでした。

ずっと、何かを成し遂げたいと仕事を頑張ってきたけれど、「成し遂げた何か」は、どんどん過去のものになっていきます。何かを得たいと思えば、ずっと新しいものを求め続けなければいけない……。それではなんだか疲れてしまいそう。毎日、目の前にあることをゆっくり、じっくり感じて生きる方が、ずっと豊かだなと思うこの頃です。

実家では、毎朝父と母と共にトーストとミルクコーヒーで朝ご飯でした。パンは、母のお気に入りの夙川《しゅくがわ》のパン屋さん「フリアンド」の食パンとぶどうパン。私と母は、インスタントコーヒーをホットミルクで割ったものを。父は、リプトンのティーバッグを。食べ終わったら、果物を食べます。

毎日三人でおしゃべりして、ゆっくり時間をかけて、トーストのカリッと感や、ミルクコーヒーの甘さをしっかり味わいながら。

忙しい毎日では、老夫婦のようにゆっくりまったり過ごすわけにはいかないけれど、クリスマスローズを眺めたり、水仙に「お〜い！」

と声をかけたり、タオルを洗濯してパンパンと引っ張って干したり。

そんな日常をうわの空で過ごさないように。なんでもない一日を大切にしたい、と思う年の始まりでした。

1月 9日

習慣は自分でつくるもの

日経ビジネスのウェブマガジンで、「天才ビル・ゲイツに学ぶ 読書を〝血肉〟にするための5つのルール」という記事を読みました。1年間に50冊以上の本を読み、書評もたくさん書いているというビル・ゲイツ氏の、読書にまつわる「習慣」を紹介した記事です。

ビル・ゲイツ氏の習慣、まずひとつめは、紙の本を読む、ということ。デジタル改革の旗手だったのに、電子書籍ではなく、紙の本を読む。その理由は、本の余白に「メモ」をとるからなのだとか。メモをとると、普通に読むより2倍の時間がかかるけれど、ただ文章をインプットするのではなく、自分の言葉に置き換えて思考し、理解し、メモとしてアウトプットする。私は永久保存版と思った本は、鉛筆を握りしめて線を引きながら読みますが、この「余白にメモ」もまねしてみようと思いました。

もうひとつは、「少なくとも1時間、まとまった読書時間を作って集中する」ということ。これは、読むだけでなく、「じっくり考える時間」にもなるそう。なるほど〜。私の読書といえば、出かけたときの電車の中か、お風呂のフタの上か、寝る前か、と細切ればかり。日中に、ちゃんと「読書の時間」をとることはめったにありません。でも、見たくもないテレビをぼーっと見ている時間はあるのです。1時間は無理かもしれないけれど、食後の15分とか30分とか、読書の時間を作ろうかなと考えました。

そして3つめは、「関心のあるテーマは複数の本を読む」こと。今、このことに興味があると思ったら、それに関連する本を紐づけて読むということです。私はここ最近「病院」という場所についてあれこれ考えることがあったので、それに関するものを読んでみようかと思っています。

今、悩んでいること、もやもやすることがあるなら、それに関する本を読んでみることは、とても有効なインプットになります。もやもやしているからこそ、いろいろな言葉がアンテナにひっかかって、自分の内側にぐいぐいと入ってきます。

本の読み方ひとつでも、自分でルールを作ると、読書という行為が変わり、インプットの深さが変わり、自分にとっての読書の価値が変わっていく。どんな小さな習慣も、「やる」か「やらないか」で自分の時間が変わると思うと、不思議な気分になります。

1月　11日

暮らしの中の本当の強さって？

連日の能登半島地震の被災地の報道を見て、寒い中、体育館で寝起きする方々の様子に胸が痛みます。能登には、知り合いの作家さんなども多く、そのみなさんが力強く前を向こうとされている様子に頭が下がります。

『暮らしのおへそ』の第一号で取材させていただいた塗師《ぬし》の赤木明登《あかぎあきと》さん、智子《ともこ》さん夫妻もそうです。地震のとき、ちょうど旅行に出られていてご無事だったそう。ご自宅は倒壊は免れたものの、中は大変なことに……。

近い将来入手困難になることを見越して、長年蓄え続けてきた漆《うるし》（なんと187キロ！）の多くが樽ごと転倒。二階の仕事場から滴り落ち、天井をつたって一階の床一面に溜まってしまったのだとか……。可能な限り回収されたそうで、漉《こ》し直せば使えるそう。

オープンされたばかりの一日1組のオーベルジュ「茶寮　杣径《そまみち》」も被害を受けたそうで、そんな中でもシェフは、炊き出しに出られていると書いてありました。

そんな中、智子さんのインスタグラムの、ガスも水もない中で、ちゃんと食べて力強く暮らしていらっしゃる姿にびっくり！　薪ストーブがあるので、寸胴鍋でお湯を沸かし、そこでレトルトのスープを温め、ゆで卵を作り、冷凍していたパンを焼き……。わあ、薪ストーブってなんてすごいんだ！

「このサバイバルな生活を、すこしだけリラックスして過ごせるようになってきたと思う」と綴られていました。

「ぼくと智子は、無事で、２人で楽しくやってます。電気と水道はありませんが、食糧と燃料とお酒は充分にあります。ご心配ありがとうございます。自宅と工房の片付けはおおよそ終わったので、明日から杣径に移動して営業再開に向けて頑張ります！」と明登さん。

そんな赤木さんが立ち上げた、小さな出版社「拙考《せっこう》」では、ちょうど本が完成間近だったそう。ほぼ手作りで、印刷が終わり、幸い東京の出版社で作業が進んでいる最中。

何もできない自分がもどかしいけれど、せめて赤木さんのお椀でご

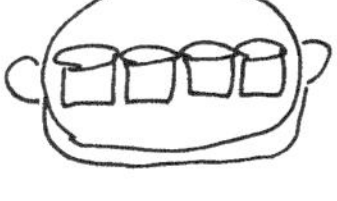

飯をおいしくいただいて、石川県のサイトから少しばかりの義援金をお送りし、本を注文させていただこうと思います。
ガスも水もない中で、薪ストーブが暮らしを支えてくれるように、大変なことが起こると、本当は何が強くて何が弱いのか……ということを考えさせられます。

1月 12日

プリンは自宅で作るもの

ポルトガル料理研究家の馬田草織《ばださおり》さんが、SNSでプリンを作っている様子を投稿されていました。蒸し器のフタを開けると、湯気の上がる熱々プリン！　その写真があまりにもおいしそうで、さっそくまねして作ってみました。ところが……。外側は固まっているのに、中まで火が通っておらず、プリンカップをひっくり返して持ち上げたとたん、ドロッと中身が出てしまいました。あちゃ～！　蒸し時間を長くすると、今度はスが入ってなめらかな仕上がりになりません。

そこで、オーブンで焼いてみることにしました。これが大成功！　きれいな形のプリンができあがりました。

実は私、今流行りのトロトロプリンがあまり好きではないのですが、オーブンで焼くと、しっかりと固い私好みのプリンになります。ちょっと難しいのが、カラメル作りです。小鍋にグラニュー糖と大さじ1杯の水を入れて火にかけます。このとき、混ぜないことが大事。もくもくと煙が出るので、怖くなってしまうけれど、カラメル色になるまで待って、最後に沸騰したお湯を加えて混ぜてできあがり。プリンカップの底に流し入れ、冷えて固まってから、プリン液を注ぎます。まずは、焼きたてをハフハフ言いながら。これは、自宅で作るからこそ味わえるおいしさ。でも本当は少し時間をおいて、冷めてから食べた方が甘くておいしい。こんなふうに二度味わうのが楽しみです。想像以上に簡単で、売っているものより確実においしいプリン、自宅で作るおやつの代表選手です。

プリン（カップ4～5個分）

材料……卵3個、牛乳300ml、グラニュー糖60g
［カラメルソース］グラニュー糖30g、水大さじ1、熱湯大さじ1

作り方…小鍋にカラメルソースのグラニュー糖と水を入れて火にかける。鍋をゆっくりゆらし、濃いカラメル色になったら熱湯を加える。火を止めて、プリンカップに流して冷ましておく。鍋に牛乳、グラニュー糖30gを入れて、ふつふつとする程度まで温める。ボウルに卵、グラニュー30gを入れてよく混ぜる。鍋の牛乳をボウルに注いで混ぜ、ざるなどで濾し、プリンカップに注ぎ入れる。オーブンの天板にプリンカップを並べてお湯を張り、140度のオーブンで40～50分焼く。

1月16日

「微調整」の優しさ

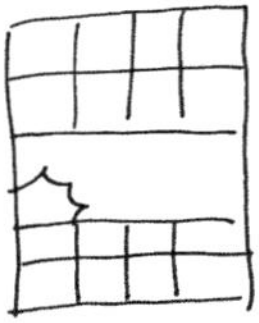

先日、障子の張り替えをしたとき、雪見障子の部分にはまっているガラスを割ってしまいました。作業をするために、ガラスのはめ込み戸をはずそうとしたら、木枠からガラスがはずれて落ちてしまい、バリッ。あっ！と思ったときには手遅れでした。

さっそくネットで調べて近所のガラス屋さんに電話。忙しいとのことで、3日後にやっと来てくれました。昔懐かしい、軽トラの後ろに、三角形の枠組みを組んでガラスをのせているあの車で！　部屋の中で作業をされるのかと思いきや、割れたガラス戸を車に運び、荷台のところで新しいガラスを入れてくれるよう。部屋で待っていると、30分ほどして「できました〜」と運んできてくれました。

ところが……。わが家は古い家なので、建具も微妙にゆがんでいます。なので、ガラスを入れた扉が、角は入るんだけれど、中央の部分がほんの数ミリのところで入らない。これまでも、自分ではずしたり、はめたりするときになかなか入らず、マイナスドライバーを隙間に突っ込んで、ぎゅっと枠を持ち上げて入れていたのでした。

「もう、いいですよ。ぎゅっと持ち上げたら入りますから」と言おうとしたら……。おじさんは、「ちょっと待って」とまた出て行ってしまいました。しばらくすると戻ってきて、もう一度トライ。すると、カチッと入った！

たぶん、ガラスの部分を少し削ってきてくれたのだと思います。完璧を目指すプロのお仕事っぷりに感動してしまいました。そして、こういう「微調整」を体験したのは、久しぶりだなあと思ったのです。

なんでも「できあがったもの」を買って、ちょっと不具合やサイズが合わないことがあっても、どこかをがまんして、なんとか使い続けるのが当たり前。そんな中で、わが家だけの障子の枠に合わせて、すこ～し削ってくれる。その「微調整」が、なんだかとってもうれしかったのでした。

改めて、私のまわりにある「微調整」について考えてみました。

ちゃちゃっと仕上げてしまういつものおかずも、最後にもう一度味見をして、味を微調整する。

「ああ、取り出しにくいな～」と思っている引き出しの中の順番を少し変えてみる。

生けた花の向きを、よりかわいく見えるように調整する。

仕事の打ち合わせで、段取りを決めるだけでなく、一緒に仕事をしている人が何を感じているかを知り、そこにちょっと寄り添う。

「微調整」って、面倒くさいのです。やらずに、すっ飛ばすことだってできる。花の角度がこっちを向いていても、あっちを向いていても、たいして変化はないかもしれません。

「微調整」をすることで変わるのは、きっと自分自身なんだろうな。

「ちょっとずれてる」

「ちょっと違う」

「ちょっと心が離れている」

今年は、そんな「ちょっと」を大事にしてみるのもいいかもしれない。新年早々ガラスを割ってしまい、「なんてこった！」と思ったけれど、ピシッとはまった障子戸が、ほんのちょっとの「微調整」の優しさを教えてくれているような気がします。

1月20日

わが家の防災計画

ライター塾の生徒さんで、整理収納アドバイザー&防災共育管理士のtakaさんに、防災の備えについて教えてもらい、わが家の防災グッズを見直し中です。

これまでは気が向いたときに「そうだ!」とひらめいて、あれこれ防災グッズを買い、押し入れに突っ込んでいました。そして何がどこにあるのかわからない状態に。気づくと非常食の賞味期限が切れていた、なんてことも。そこで、ちゃんと生活の中で食べながら非常食を常備する「ローリングストック」について教えてもらいました。

まずは、「押し入れ奥深くではなく、キッチンの近くに非常食のストック場所を作りましょう」と聞いて、なるほど!と目からウロコ。「無印良品」でたまったポイントを利用して、ファイルボックスを購入。わが家で「納戸」と呼んでいる、キッチン横の押し入れを利用して定位置を作りました。

賞味期限が来る前に食べて、食べたら、また新しいものをストックする。そんな「ローリング」のために、いわゆる「防災食」ではなく、

「食べておいしいもの」をストックするのがいいそうです。そこで、「無印良品」のレトルト食品を同時に購入。賞味期限をチェックして、ボックスに貼っておきました。

水も同じように、ローリングしやすいよう500mlのペットボトルを一箱購入。これとは別に、長期保存のものも確保しようと思っています。とりあえず、1週間暮らすことを考えて、必要なものを少しずつ準備していく予定。防災用のトイレ、水がいらないシャンプー、水を運ぶためのボトルも手配しました。

まだまだ計画はスタートしたばかり。やるとなったら、一気にすべてを完成させてしまわないと気が済まない性格のワタクシですが、これればかりは少しずつ進めていこうと思います。

1月23日

寒い日は汁ものおかずで

寒い日が続くので、この頃はまっているのが、汁ものおかずです。「汁もの」だけではなくて、「汁ものおかず」であるところがミソ。具だくさんでおかずになる一品を、あれこれ作っています。

昨日は、鶏肉団子とレタスのスープを。適当に作ったのですが、これがおいしかったのです！

鶏ひき肉に、ねぎとしょうがを刻んで混ぜて、卵白、片栗粉を混ぜて肉団子あんを作ります。水に酒と顆粒の鶏がらスープの素少々を入れて煮立て、肉団子を投入。火が通ったら、食べる直前にレタスを入れます。肉団子はふわふわだし、スープは旨味たっぷりだし、レタスがシャキシャキで、夫にも好評でした。

その前の日に作ったのは、高山なおみさんのレシピで、丸ごと玉ねぎのスープ。こちらは、玉ねぎの皮をむいて、十字に切り込みを入れ、水に鶏がらスープの素を少しとバター、黒こしょうの粒、ローリエを入れてコトコト煮込みます。玉ねぎの甘みがスープに溶け出して、バターの風味が隠し味になって、とてもおいしい。さらに、これにチーズをかけてオーブンで焼くと、よりご馳走感が増します。スープとチーズは相性がいいんですね。新玉ねぎより普通の玉ねぎのほうが、しっかり形が残ります。とろ〜っとやわらかく仕上げたかったら、新玉ねぎでもいいかもしれません。

あたたかい汁ものは、体を芯から温めてくれるし、お腹がいっぱいになります。肉と野菜をバランスよくとれるのもいいところ。もっとレパートリーを増やしたいと、汁ものおかずのレシピを検索中です。

1月26日

くすっと笑って光のさす方を向く

今日も朝から寒いです。先日、ちょっと足をのばして出かけた温泉宿の帰りに寄り道をしたら、梅が満開で、水仙がかわいらしい首を風に揺らしていました。風は冷たいけれど、もう春なんですね。

能登半島の被災地でも雪が積もり、寒い中、避難所のみなさんは大変な思いをされていることと思います。私はずっと、塗師の赤木明登さんの奥様、智子さんのインスタグラムを読み続けています。「地震が起きてから23日目」という書き出しで始まる日記。

赤木さんが営む小さな出版社のスタッフの家から、智子さんが「大王さま」と呼ぶ赤木さんが家財道具を取り出す様子をレポートしたり、千葉から知り合いが駆けつけて、ご自宅の屋根にブルーシートをかけてくれる様子を「スーパーマンがやってきた！」と喜んだり、ちょっと疲れたからと、お子さんたちの漫画を読んで泣いたり笑ったり。文章が上手で、思わず引き込まれます。

まだまだ大変で、不安なこともたくさんあると思うのに、「今できること」を見つけて、ひと匙《さじ》のユーモアと、「さあ！」と前を向く強い心と、まわりの人を思いやる気持ちと……。その姿勢から多くのことを学びます。

私はペシミストなので、何かが起こったら、先の不安を読み込んで「ど～しよう」「も～だめだ」とまわりに言って歩きたくなります。「大丈夫！」と明るく言ってしまったら、その後、もしすごく大変なことがやってきたときに、その落差でより悲しくなってしまいそうだから。

でも、智子さんのインスタを読んでいて、光のさす方向へ顔を向ける、ということの大切さをひしひしと感じました。

家中のものが散乱し、果てしなく片づける中でも、「この壁の傷が、アートみたい！」とひとついいことを発見したら、その日が、いい一日になる。

「楽しいこと」を拾い上げることで、その楽しい「点」と「点」がつながって、明るい方へ導いてくれるのかもしれないなあ。楽しい方へ行く力は、日々の中に小さな喜びを見つける自分自身の目なのかもしれません。

2月　1日

全日本卓球に感動！

少し前になりますが、全日本卓球の男子シングルスの試合を観ました。張本智和《はりもとともかず》くん対、３連続優勝を狙う戸上隼輔《とがみしゅんすけ》くん。張本くんが６年ぶりに優勝！　いや〜、いい試合だったなあ。

ポイントをとったら「チョレイ！」と大声で叫ぶ張本くんは、14歳のときに、この全日本の試合で優勝し、一躍有名になりました。でも、そこから「メンタルが弱い」とも言われ、ずっと勝てないでいたのです。先日の決勝も、ずっと戸上くんが優勢で、私は「あ、これは戸上くんの優勝だな」と思いながら観ていました。

ところが！　ゲームカウント１－３と追い込まれる中で、驚異の追い上げ。３－３となったものの、８回もデュースを取られながら、最後の最後に逆転して優勝したのです。

でも、感動は試合だけではありませんでした。試合後のインタビューが、これまたよかった。

「僕と彼（戸上）は同等でライバル。彼は本当に強くて、今日もどこへ打ってもきてかなわなかった。今日はたまたま僕が勝ったけれど、明日やったら、きっと彼が勝つ。その次は僕が勝つかもしれない。今日は、卓球の神様が勝たせてくれたんだと思います」

正確ではないのですが、こんな感じでした。優勝したのに、この冷静な分析ってすごい！　さらに、これからのオリンピックについて。

「オリンピック当日は、準備してきたものを出すだけ。この半年、いかにいい準備をするかが大事。試合はただの答え合わせであって、それまでの練習、勉強がいちばん大事だと思う。だから、今日、表彰台を降りたら五輪が始まると思って頑張りたい」

私はこの「試合はただの答え合わせ」という言葉に、本当に感動したのでした。普通なら、オリンピック当日に、力をどう発揮できるか、と考えるのに、張本くんが見つめていたのは、当日までの練習でした。

オリンピックという舞台に立つと結果を出さなくちゃ！と思いがちだけれど、試合になったら、もう体を動かすだけ。それまでに積み重ねてきた練習が、「その日」に自然に体からこぼれ出す……。これって、スポーツだけでなく、あらゆることに言えるのかもしれないなあ。

「こうしてやろう！」と結果を自分の手であやつることに躍起になりがちだけれど、結果というものは、その日まで淡々と積み重ねてきた日々から生まれる。すべての小さな日常は、いつか積み重なって成果となってこぼれ出す……。テレビでのスポーツ観戦が教えてくれることって、意外と大きいです。

2月 6日

実る努力と実らない努力の違いって？

インスタグラムのリールを見ていたら、お笑い芸人のみやぞんさんのインタビューのショート動画が流れてきました。その言葉に思わず引き込まれました。それが、「実る努力と実らない努力がある」というお話。

「努力は実らないって言う人もいるし、努力は実るって言う人もいて、どっちだよって話なんだけど。僕が思うのは、苦労した、つらい努力は実らない。残念ながら。今までいろんな仕事をして、挑戦してきたけど、つらくてやりたくなくて、苦痛にゆがんででも、これを乗り越えたら！と思ってもいいことない。でもまわりの人に、努力してるなあと思われても、本人が楽しければ、それは実る。プロ野球選手が毎日走って、毎日素振りして、まわりからみれば、すごい努力だなあと思うけど、本人は、うまくなっていく自分が楽しいんですよ。だからできる。好きだから。僕がそれをやろうとすれば、つらい。それはつらい努力だから実らない。それが、実る努力と、実らない努力だなあって」

いいこと言うね、みやぞんさん！

たしかに、「つらいだけの努力」は、潔く手放した方がいいのかも。

というか、何かを「頑張ろう！」とするとき、それが、「つらい」のか「大変だけどなんだか楽しい」のか、自分によく聞いてみる必要があるのかもしれません。

夜、ご飯を食べながらテレビを見ていたら、「ＹＯＵは何しに日本へ？」という番組で、アメリカから来日した医師の様子を紹介していました。趣味が陶芸で、笠間に自分の家と工房、穴窯まで持っているそう。そこで密着取材を開始。

笠間で初めての火入れをし、まわりの仲間に助けてもらいながら、１２０時間窯を焚き続けていました。その大変なこと！　でも、最後に彼はこんな話をしていました。

「簡単な人生がいいか、おもしろい人生がいいか。僕はおもしろい人生がいいんだよ」って。

私は、ときどきフリーライターという不安定な職業ではなく、会社に勤めて、退職金をもらい、厚生年金があったら、こんなに老後が不安にはならなかっただろうと思うことがあります。でも、きっと私はこうしか生きられなかったんだろうな、とも思います。あのアメリカ人が言ったように、自分にとって「おもしろい人生」を選んだんだなって。だったら、多少不安定でも、人生を目一杯おもしろがるしかないのかもしれない。

大変か、大変ではないか？　つらいか、楽しいか？　それを測るみんなに共通したメジャーなんてないんだろうなあ。大汗かいて大変そうな顔をしていても、それがめちゃくちゃつらい人もいれば、そのプロセスがすごく楽しい人もいる。要するに、適切な場所で、自分の心に合った適切な努力をするのがいちばん！ってことなんですよね。

2月 7日

冬野菜がおいしい！

自宅から駅への道すがら、いろんなお宅の庭の木々に春を見つけるのが楽しみです。通るたびに、少しずつぷっくりとふくらんでいく木《もく》蓮《れん》のつぼみ。あの気高く凛と咲く花が見られるまで、あと少しでしょうか。

ぎゅっと寒い時期が続くと、冬野菜がおいしくなりますね。先日、畑から掘ってきたという白菜やねぎ、小松菜をいただきました。

小松菜は、手のひらにのるほどの小さなサイズの株でした。そのかわいらしいこと。ボウルに水を張って浮かべ、洗いながら「あらま、かわいいわね～」と思わず話しかけていました。

小松菜といえば、私の定番料理は有元葉子さんの本で知ったもの。厚揚げか油揚げをフライパンでざっと炒め、そこに醤油をまわしかけ、香ばしい香りがしてきたら、小松菜を投入。さっと炒めてできあがり、という超簡単おかずでした。これ、調味料は醤油だけなんだけど、すごくおいしいんです。

ほかに小松菜を使ってなにか一品作れないかなあと検索し、見つけ

たのが、料理家のマロンさんが紹介していた「塩炒め」でした。まずは、鶏ささみ肉を薄く切って、片栗粉をまぶし、ごま油を加えたお湯で茹でておきます。フライパンに油をちょっと多めに入れて、しょうがのせん切りと鷹の爪を入れて香りを出し、塩小さじ2分の1を入れて少し炒め、そこへピーマンのせん切り（マロンさんのレシピでは、赤ピーマン）、鶏ささみ肉、小松菜を入れて酒大さじ2を加え、フタをして蒸し焼きにする、というもの。これが、塩だけの味つけなんだけど、しょうががきいてすごくおいしかった！

白菜は、鍋にしたり、これまた有元さんのレシピで、蒸しものにしたり。白菜を4分の1に切った姿のまま、ストウブのオーバル鍋に入れ、水をちょっと加えて蒸し煮にして（蒸し器で蒸しても）、熱々のうちに酢をまわしかける、という一品。これをからし醤油で食べると、いくらでも食べられちゃいます。

そして、昨日はちょっと趣向を変えてホワイトシチューに。わが家では、冬のシチューに白菜が欠かせません。鶏肉に焦げ目をつけ、じやがいも、にんじん、玉ねぎをざっと炒めて鍋へ。水と鶏がらスープの素を加えて10分ほど煮てから、白菜を入れて、ホワイトソースを加えて塩で味をととのえます。

ホワイトソースは、飯島奈美さんのレシピだと失敗なしで簡単にできます。バター40ｇに小麦粉大さじ3を加えてとろりとするまで炒め、牛乳か豆乳４００mlを電子レンジで温めておき、一気に加えます。焦がさないように6〜7分混ぜていると、ダマにならずにホワイトソースができます。

白菜と鶏肉の組み合わせって、本当においしいですね。そこにホワイトソースが加わると、さらにおいしい。昨日は、吉祥寺のパン屋さんでカリッとしたバゲットを買ってきて、一緒にいただきました。

2月 9日

家計簿アプリを入れてみた

確定申告の季節です。私は税理士さんにお任せしているので、言われた書類をそろえたり、会計ソフトに打ち込んだりするだけ。とってもラクチンです。

会計ソフトに打ち込んではいるものの、そちらは「経費」なので、「家計」がリアルタイムにどうなっているのかを、お恥ずかしながら、ちゃんと把握しておりませんでした。そこで、たまたま知人に教えてもらった家計管理のアプリを使ってみることに。ゾウさんのマークの「マネーツリー」というアプリです。自分の銀行口座、カードなどすべてをリンクさせることができて、入出金の明細や残高などを確認できるというもの。カードを使うとすぐに反映されます。さらにプラス500円払えば、AIが、店名から判断して「〇〇費」と分類してくれる！

これを使えば、カードで今月いくら使っているか、食費、衣服費、外食費などの費目別に可視化できます。さらに、それぞれの費目は、「経費」と「個人」にワンタッチで振り分けられるので、私のようにフリーランスで仕事をしている人が、仕事以外の純粋な家計を把握したい、というときにはとても便利です。

このアプリを入れてから、電車の中などで、「今どれぐらい使っているかな」と眺めるのが習慣になりました。「可視化」って大事ですね。現金の支出は手入力ですが、私の場合、ほとんどをカードで支払っているので問題ありません。

今まで、いろいろな家計簿アプリを試しては挫折してきたけれど、これだけは続いています。というのも、な〜んにもしないで眺めるだけだから(笑)。それでも、私にとっては大きな変化です。

2月 13日

玉ねぎ麹を作ってみた

夕飯に「汁ものおかず」をよく作るようになって気になってきたのが、ほぼ毎回、顆粒の鶏がらスープの素を使うということです。う〜ん、コレを使わないで作る方法はないのかなあ？　本物の鶏がらや残り野菜でスープストックを作る、なんて手間はかけられないし、鶏肉と野菜と塩だけを入れてスープにしてみたら、なんだかひと味足りない……。そこであれこれ検索してみて知ったのが、「玉ねぎ麹」でした。「コンソメ代わりに使える」と書いてあります。

で、さっそく作ってみました。材料は次の通り。

・米麹（生のものを選んでみました）２００g
・玉ねぎ2個
・塩90g
・水70ml（乾燥麹を使うときは水１００ml）

玉ねぎを粗く刻んでからハンディブレンダーでトロトロになるまで

攪拌し、そこに塩、水、米麴を入れて混ぜます。それをジップロックに入れて、お湯を張ったヨーグルトメーカーに入れて、60度ぐらいで8時間おきます。ヨーグルトメーカーがない場合は、室温で1週間ぐらいおけばできるのだとか。

あっという間に完成しました。いったいどんな味なんだろう?と恐る恐るスープに使ってみたら……これが、なかなかいけるのです!

コンソメとはちょっと違うけれど、味わいにコクが出て、白菜と鶏肉団子スープはもちろん、かぶのポタージュスープにも、シチューにもこれだけでOKでした。塩麴だけより複雑な味わいで、甘みと独特の香りがあり、入れると「洋風」になる感じ。炒め物などにも使えるそうなので、あれこれ作ってみようと思っています。発酵が進むと、少しずつ味も変わっていくと思うので、そちらも楽しみです。

2月 22日

朝ご飯変更大作戦

実はワタクシ、今年になって、朝ご飯の見直しをしております。7〜8年前から、朝食はずっとフルーツのみでした。というのも、午前中に集中して原稿を書きたいので、朝食をしっかり食べすぎると、眠くなってしまうから……。今の時期なら、バナナ、ぽんかんやせとかなどの柑橘類、りんごといった感じです。

ところが！ いつだったか、読者の方（医療関係かな？）からのコメントで「イチダさん、ちょっとフルーツ多めですね……」というご指摘をいただきました。

そうか、多いのか、と思ったけれど、特に支障はなかったので、そのまま食べ続けておりました。でも、去年の冬が始まった頃から、それまで真冬でもへっちゃらだったのに、なぜかフルーツが冷たく感じられるようになってきました。

そこで、朝起きてすぐに味噌汁を飲んで体を温めたり、その後、ココアに変えたり。でも、わざわざ味噌汁を作るのが面倒だったり、ココアは甘すぎたり、牛乳がちょっと重たかったり。どれもなかなかしつくりきません。

そんな中、人間ドックの結果で腎機能がやや低下気味という所見がありました。そして、アフターケアハンドブックを見ると、腎臓をいたわる生活のポイントの中に「野菜、果物のとりすぎに注意する」とあるではありませんか！　野菜や果物に多く含まれるカリウムをとりすぎるといけないんだとか……。

これはいかん！と果物を減らすことに。じゃあ、何を食べよう？　そんなとき思いついたのが「お粥」でした。そうだ、白粥を炊いてみようって。

これが大正解でした。朝、お椀一杯分だけのお粥を炊くようになったら、おいしいのなんの！　梅干しをひとつのせていただいて、そのあと少しだけフルーツを食べます。

朝からお粥を炊くなんて面倒で続かないかも、と思っていたのですが、実は放りっぱなしで仕上がるから簡単です。朝の7時半になったら、お米大さじ4杯を鍋に入れ、水を1カップちょっと加えてごく弱火にかけておきます。このまま20分ほどほったらかし。朝ドラが始まる10分前、7時50分ぐらいになったら鍋の中身をぐるりと混ぜて仕上げを。いい感じにとろみがつけばできあがりです。

やわらかすぎず、硬すぎず、ちょうどいい具合にできた白粥のおいしいこと！　朝ドラを見ながら、お粥の中で梅干しをくずし、ふ～ふ～吹きながらパクリ。「は～、うま～！」と毎日うれしくなります。

これまで、ちゃんとお粥を炊いたことは、風邪をひいたときの数回ぐらいでした。生のお米からコトコトゆっくり炊いたお粥がこんなにおいしいなんて。炊きたてを食べたくて、今のところ、お粥の朝ご飯が続いています。

2月 23日

ひまわりは燃えながら枯れていく

しばらく朝のウォーキングは真っ暗だったのが、少しずつ明るくなって、花の色が見えるようになってきました。今は梅の花が満開です。久しぶりに五木寛之さんの『林住期《りんじゅうき》』（幻冬舎）を再読しています。初めて読んだのはずいぶん前。私はまだ40代でした。その頃は、「ふ～ん、人生は『学生期《がくしょうき》』『家住期《かじゅうき》』『林住期』『遊行期《ゆぎょうき》』の4つに分かれるのね。へ～」といった程度だったのに、今もう一度読んでみると、ひとつひとつの言葉の重たいこと、鋭いこと！　本って、読む時期や年齢によって、こんなにも入ってくる内容が違うものなのですね。

まだ読んでいらっしゃらない方のために少しだけ説明しておくと、50歳から75歳を「林住期」と言い、五木寛之さんは、この「林住期」こそ人生のピークなのではなかろうか？と書いていらっしゃいます。

「五十歳をはっきりひとつの区切りとして受け止める必要がある、と私は思う。そして、そこから始まる二十五年、すなわち「林住期」をこそ、真の人生のクライマックスと考えたいのだ」

本の冒頭付近で、五木さんは、医師を辞めて50歳から画家への道を歩き始めたという奥様が描かれたひまわりの絵のことを綴られています。立ち枯れたようなひまわりは、黒く、強い線で彫り込まれたような姿なのだとか。そしてこう書かれているのです。

「その絵を見ながら、ふと思うことがある。生命は育ち、花開くときだけでなく、衰え、枯れていくさなかにも、限りなく強いエネルギーを放ちつつ大地に還《かえ》るのだ、と。人は生まれてくるためにもエネルギーが必要だが、死んでいくためにはさらなる生命力が必要なのだと。ひまわりは燃えながら枯れていくのである」

なるほど〜。両親の老いと向き合い、自分の体力の衰えを感じている今、枯れるって、細々と静かに進んでいくのかと思っていたけれど、そうではないんだ。実は、膨大なエネルギーを必要とし、若い頃にギンギンに頑張っていたのと同じぐらい、あるいはそれ以上に自分の内側の「火」みたいなものを燃やしつつ、人生を閉じていく……。そのことがすとんと腹に落ちました。そして、なんだか力がわいてくるような、不思議な感覚になりました。よっしゃ、私は人生後半のエネルギーを燃やし、「老い」や「死」を体験していこうって。

それは、若い頃の攻める力とはひと味違う、内に秘める力に点火し、進むことなのかも。実は本の再読は始めたばかり。これからもう一度、ゆっくり読もうと思っています。

2月26日

3連休で部屋と頭の整理整頓

仕事が一段落したので、ゆっくり何もしないお休みを過ごすことに。それでも、時間があると「何かしなくちゃ」と考えてしまう貧乏性。「そうだ！　ずっと後まわしにしていたアレをやろう！」と、見て見ぬふりをしてきた引き出しの整理整頓に取りかかりました。

まずは、押し入れの中の引き出し。テニス用の靴下やタオル、パジャマ、あまり着る機会がないTシャツやカットソーがしまってある場所です。一軍のものじゃないので、いつも洗ったら放り込むだけ。どんどん上に重ねてぎゅうぎゅうになり、引き出しが閉まらないのに、無理やり押し込んで閉める、の繰り返しでした。

この引き出し3段を取り出して、中身を全部出し、たたみ直し、もう着ないものははさみでカットしてウエスにしたり、処分したり。くっしゃくしゃのまま突っ込んでいたパジャマにはアイロンをかけてピシッとたたんで収納。

ここまでやって、あれ？　30分しかかかってないやん！　大変だから後まわしって思っていたのに、動き始めれば、こんなに早く終わるんだ、と気づきました。

これに気をよくして、キッチンのパントリー代わりの棚の整理にも着手。ここも、乾物や缶詰をポイポイ放り込むので、すぐにぐちゃぐちゃになるエリアです。かごから中身を出して、賞味期限をチェック。期限切れになっているもの（結構たくさんあった……）を処分したら3分の2ぐらいの量になってすっきり。こちらも20分ほどで終了。

こんなにすぐ片づくのなら、見ないふりをしないで、とっととやればよかったなあ。でも、「取りかかる」というのが難しい。時間にも心にもゆとりがないと、エンジンがかからないんですよね。

そして！　最後に着手したのが、去年インスタグラムを乗っ取られたときからずっと「やらなくちゃ」と思い続けていた、パスワードの整理でした。いろんな人に「パスワードの管理ってどうやってる？」と聞いて、あれこれ調べていました。そうしてたどり着いたのが「Bitwarden」というアプリです。

今までグーグルのパスワードマネージャーで自動保存をし、さらには手書きでパスワードのリストを作っていました。でも、途中でパスワードを変更したのに、リストを書き換えるのを忘れていたり……。常にアップデートしておくのが難しい。そこで、もう一度管理の仕方をちゃんと見直そうと考えたのでした。

「Bitwarden」は無料のアプリ。すばらしいのは、パソコンとスマホでパスワードを同期させて保存しておけること。ただ、アプリを使いこなせるようになるまでって、めちゃくちゃ時間がかかるんですよね。

去年アプリをダウンロードしたものの、使い方がイマイチわからずそのままになっていました。YouTubeで使い方の解説を見たり、ネットで検索したり。やっと少しわかるようになってきて、8割ぐらいの整理ができたところです。あと2割、完成まで持っていきたいと思っています。

2月28日

豆腐を蒸してわけぎと一緒に

揚げ物を封印し、蒸し物にはまっているわが家。最近よく作るのが、豆腐の蒸し物です。豆腐を蒸すと、適度に水分が抜け、やわらかくフルフルになり、熱々をふ〜ふ〜言いながら食べるのは本当においしい。蒸して、塩とオリーブオイルだけで食べるのもいいけれど、昨日はウー・ウェンさんのレシピで、蒸した豆腐の炒め物を作りました。

蒸す前の豆腐は崩れやすいので、クッキングペーパーを敷いた蒸籠《せいろ》に入れてから4つにカットするといいそうです。これで15分ぐらい蒸します。

豚バラ薄切り肉を炒めて、酒、醤油各大さじ1、はちみつ小さじ1の合わせ調味料をジャッとかけて味つけをし、そこに豆腐を入れて混ぜ、最後にわけぎを投入。豆腐を蒸すのに時間はかかりますが、3つの材料をジャジャッと炒めればたちまち完成です。

蒸した豆腐で作った炒め物は、炒めている間に水分がほとんど出ないので、ベチャベチャにならず、調味料がよく絡んで、豆腐がふわふわで、本当に美味。

蒸籠の空きスペースでれんこんも蒸しました。れんこんは10分蒸したら先に取り出します。れんこんって、蒸すと、茹でたときとはまったく違うモッチモチの食感になるんですよね。丸ごと蒸したれんこんは薄く切って梅あえにしました。

2月 29日

今のままで十分幸せ！

今日は2月29日。今年は閏年《うるうどし》ですね。4年前の閏年はいったい何をしていたんだろう？　まったく記憶がありません……。

先日、人間ドックでポリープが見つかったので、取ってもらうために、1年前に入院した病院へ行ってきました。人間ドックでは治療を行えないという決まりになっているので、大腸内視鏡検査でポリープが見つかったら、改めて病院に行かないといけないのです。人間ドックを受けた病院で取ってもらうこともできたけれど、いろいろな経緯を知っていただいている病院の方がいいかなと思い、まずは予約をとって問診に。

1年ぶりに病院までの坂を登りながら不思議な気持ちになりました。1年前、めちゃくちゃ心細い思いでここに入院し、「もしかしたら重大な病気かも」と恐怖に震え……。なのに、1年たったらそのことをすっかり忘れていました。「ちょうど同じ時期だったなあ」と、道の脇に咲くクリスマスローズと沈丁花《じんちょうげ》を眺めながら今の自分の人生の横にある、もうひとつの「あったかもしれない人生」について思いを

馳せました。

もしも、あのとき悪性だったら……。

もしも、また何か見つかったら……。

日常はガラリと変わるのだなあと。

つい「今」のありがたさを忘れてしまうけれど、そして、将来の心配ばかりをしがちだけれど、私は今のままで十分幸せ。そんなことを考えながら、次のポリープを取る日の予約をし、下剤を抱えて帰ってきました。

昨日はすばらしいお天気でした。昼間は自宅で取材を受けるため、朝から片づけたり、準備したりバタバタ。その日休みだった夫は、家にいると落ち着かないからと、映画を2本見て、スターバックスで確定申告の準備をしていたそうです。

そして、夕方から二人でスーパーに買い物へ。夕暮れを眺めながら、ねぎや白菜を抱えて歩く帰り道、ああ、幸せだなと改めて思いました。

作ったのは、カジキの照り焼きねぎいっぱい。カジキをフライパンで焼いて、一旦取り出し、酒、醬油、みりんを入れてねぎを加えてくったりするまで煮て、カジキを戻し入れます。ねぎの甘みが甘じょっぱい味と絡まって、めちゃおいしかった。

寒かったので、豆腐とエビのあんかけも。これはNHKの料理番組で紹介されていたもの。出汁に、エビを細かく切って片栗粉をまぶしたものを加えて火を通し、酒、みりん、醬油、しょうがを加えて、豆腐をくずしながら入れてちょっと煮込み、片栗粉でとろみをつけたら、最後にレタスを加えます。シャキッとしたレタスと、とろ〜り豆腐のコントラストが絶妙です。温まりました。

この日は、夫にブーブー文句を言うこともなく、手伝いが遅い！とプリプリすることもなく、おいしく食べられることに感謝した夜でした。

カジキの照り焼きねぎいっぱい

材料……カジキの切り身2枚、ねぎ1本、酒大さじ1、みりん大さじ1、醬

油大さじ2、塩、こしょう

作り方…カジキに塩、こしょうをふる。ねぎは斜め薄切りにする。フライパンに油を熱してカジキを焼き、一旦取り出す。フライパンに酒、みりん、醤油を加えて煮立て、ねぎを入れてくったりするまで炒める。カジキをフライパンに戻し、少し煮たらできあがり。

3月　3日

私は正しい　夫も正しい

この時期、「あっ、いい香り！」と鼻をクンクンさせると、沈丁花の花を見つけることがあります。小学生の頃、住んでいた家の庭に沈丁花がありました。卒業、入学、クラス替え、というちょっと不安定な時期に咲く花なので、この香りを感じるたびに、心がソワソワしたあの頃を思い出します。

さて。わが家ではこのところ毎晩、夫との静かなるバトルが繰り広げられておりました。というのも——。

玄関の外にある外灯がついていると、夫は電気代がもったいないから「消しといたっていいやん」というタイプ。私は、わが家がちょっと奥まったところにあり、夜は真っ暗になるので、防犯のためにも「つけといた方がいいやん」というタイプ。どちらもまったく譲らず、言い合いをしても結論が出ず。それで、夜、玄関脇にあるトイレに行くたびに、消されていたら私がつける、私がつけておいたら夫が消す、ということを繰り返していたのです。

なにしてるんだ！　私たち！（笑）

私は、朝ウォーキングに出かけ、帰ってストレッチをしたら拭き掃除をします。先日、机やテレビ台やチェストなどを拭いていると、夫がボソッと言いました。

「なんで、雑巾を裏返して拭かないの？　汚れた面で拭いてもきれいにならないでしょ」

それを聞いた私はムカッ！

「毎日拭くから、そんなに汚れていないの！」「リビングが終わったら、裏返して書斎に行くし！」「そもそも、遅く起きてきて、掃除もしないのに文句だけ言うわけ？」と心の中であれこれ思ったのだけど、口に出しても解決しないので、ムスッとしたまま口をきかず、拭き掃除を続けたのでした。

「ほんと頑固者だからなあ」と夫。その言葉を聞きながら、「たしかに、そーだよなあ」と思いました。

私は、自分がいいと思ったことは、人がなんと言おうと「いい」と信じ続け、なかなか人の言うことを聞きません。ふと「私は、自分が正しいと思っているのだなあ」と思いました。それはつまり、「相手は間違っている」と思っているということ……。でも、しぶしぶ夫の言うことを聞き、「やっぱりそれでよかった！」ということもあるのです。

そろそろ、「私は正しい。でも夫も正しい」に考え方をシフトチェンジしたいなあと思います（自分が間違っている、とは考えないのが私ならでは。苦笑）。

ちなみに、外灯をつけることはあきらめました。今は、夜のわが家の玄関先は真っ暗です。雑巾は、こまめに裏返すようになりました。

相手も正しい、と認めるって、今まで頭の上を素通りしていた相手の言葉に耳を傾けるということ。これは、夫婦間だけでなく、仕事や友だち付き合いにおいても基本かも。

最近、いいことを思いつきました。夫に注意されたとき、思いっきりヘン顔をして返すこと。これだと一応相手の言葉を聞いている、というサインにもなるし、ヘン顔を返された夫は、たいてい笑い出し、チクチクしていた空気が一気に吹き飛びます。いろんなヘン顔を発明しながら、相手の言葉を受け入れる練習をしたいです。

3月　5日

春のメンテナンス大作戦

今日は朝から雲ひとつない空。朝焼けがきれいに見えました。あっという間に3月です。

年末に大掃除をしなかったワタクシ。年が明けてから、ゆっくりやるぞ〜と思っていたのに、1月は行く。2月は逃げる……で、もう3月。これはいかん！と少しずつ取りかかることにしました。

まず着手したのが、ずっと気になっていたキッチンのガス台の横の壁紙。ソースやら醤油やら油やらが飛んでシミになり、普通に水拭きしただけではとれないので、ずっとそのままになっていたのでした。

そこで「キッチン　壁紙　汚れ　とる」というワードで検索したら、YouTubeでキッチンの壁の掃除の仕方を解説している人がいて、そこでおすすめされていた「リンレイ」の「ウルトラハード」という汚れ落としの洗剤を買ってみました。

これがよく落ちる！　シュシュッと壁にスプレーしてしばらく放置し、ボロ布で拭き取ると、しつこいシミがとれた！　普段はあんまりケミカルな洗剤は使わないのだけれど、こんなときは大助かりです。

そのほか、食器棚の器をひとつずつ出して、中を拭いて、扉のガラスも磨いて……。一日にあれこれやりすぎると疲れてしまうので、この日はこれにて終了です。

この時期に大掃除をする良さは、春の日差しが気持ちいいこと。縁側から、さんさんと陽の光が入る中、食器を出して、一段一段棚を拭いて、また戻す……という作業をするのは気分爽快でした。

掃除をしながら同時進行で取りかかっていたのが靴のサイズ調整です。去年買った靴が、甲の部分があたって痛くて、履かないままになっていました。春になって、白い靴が履きたいなあと思ったときに思い出したのです。「靴　甲痛い　伸ばす」とググってみると、出てきたのが、「シューズストレッチャー」というもの。シューキーパーのように靴にセットして12時間ほどおくと自然に革が伸びるそう。さっそくやってみたら、見事に伸びて、痛くならなくなりました。

仕事と仕事の合い間のこの時期。部屋や持ち物、そして自分のメンテナンスをいろいろやりたいなあと思っています。

3月　6日

春になったら小さなバッグでお出かけを

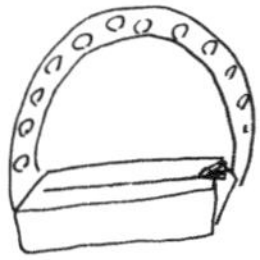

春になると、パリッとしたシャツと、なぜか小さなバッグが欲しくなります。私が持っているのは、ほとんどが仕事用で、Ａ４サイズの書類が入る大きめのもの。お財布と口紅だけを入れて出かける……みたいな小さなバッグにずっと憧れています。

ということで、先日取材で知った「ドゥミル」のバッグを買いました！　しかもふたつも！

ひとつは、黒いバッグ。横に細長い形で、やわらかい革で、かわいい。取りはずし可能なストラップだけが、あえてカジュアルなドット柄で、ちょっとしたお出かけにも、カジュアルにも持つことができます。小さいのに意外と収納力があって、長財布も入ります。黒なので、トレンチコートのときなどにコーディネートをキリッと引き締めてくれます。

もうひとつは、シルバーのバッグ。黒よりもやや大きめで、マチがたっぷりあるので、長財布から化粧ポーチ、文庫本まで入ります。ピカッと光るシルバーなので、斜めがけして後ろにまわすと、コーディネートのアクセントになってくれます。

どちらも、縦横のサイズのバランスとか、マチの幅とか、持ち手の長さなどが計算し尽くされているのが、かっこよさを生んでいるんだなあと思います。プロの仕事ってすごいですね。

ずっと働きマンだった私は、出かけるときにスケジュール帳を持っていないと不安だし、あの書類も持っていこうか……と仕事ツールが減らせずにおりました。

でも、最近は書類はプリントしなくてもスマホで確認できるし、スケジュールもGoogleカレンダーに最低限のものは入れているからOKだし、荷物が少なくなってきました。

さらには、遊びに行くときは仕事のことは忘れて遊ぶ！と割り切れるようにもなってきました。問い合わせの電話がかかってきて、わからなくても帰ってから確認してかけなおせばいい。やっとそう思えるようになったかな。

3月 30日

フライパンで焼肉ジュージュー

庭の草花が芽吹き始めています。ヤマブキやムスカリは花をつけ、山芍薬《やましゃくやく》、テッセンはぷっくりとしたつぼみをつけ始めました。毎日刻々と変わるので、庭に出るのが楽しみです。

昨日、夫がふるさと納税で頼んでおいたという佐賀牛のカルビが突然届きました。実は、わが家では家で焼肉をしたことがありません。牛肉もめったに買うことがなく、料理に使うのはいつも鶏肉か豚肉です。で、どうする？ってことに。

夫は「焼肉しよう！」と張り切っています。でも、わが家にはホットプレートがない。焼いてからお皿に盛りつけようか、とも思ったのですが、せっかくだからジュージュー焼いて食べてみたい。そこで、「フライパンでジュージューやればいいやん！」という話にまとまりました。

食卓に出したカセットコンロにフライパンをのせ、熱々に熱して牛脂をのせ、ねぎやもやしを端っこに。そして、真ん中で肉をジュ〜！

わが家のフライパンは鉄製なので、「くっつくんじゃない？」と夫は心配しておりましたが、大丈夫でした。いい感じに育ってきたな、うちのフライパン（笑）。

なんだか奇妙な風景でしたが、「二人なら、これで十分だよね」と大満足でした。夫婦二人だけだし、そこその年齢だし、肉をガシガシ食べるわけではありません。おいしい肉がちょっとあればいい。このカセットコンロ＋フライパン焼肉がちょうどいい感じでした。

副菜は、キャロットラペと、水菜といんげんのマヨネーズあえ。実は、最近はまっているものがあります。それは、キユーピーの燻製マヨネーズ。「すごくおいしいらしい」とどこかで聞き、スーパーに行くたびにチェックしていたのですが、人気でいつも品切れ。先日やっと見つけて入手したのでした。

レモンとオリーブオイルとか、醤油と砂糖とサラダオイルとか、さっぱりとした酸味のあるサラダと、れんこんやいんげんなどをマヨネーズであえるクリーミー系のサラダの2種類を組み合わせるのがいつものスタイルです。

クリーミー系のサラダは、これまでからしやわさび、すりごまなどとマヨネーズを混ぜてあえていたのですが、燻製マヨネーズを手に入れてからはこれ1本！　スモーキーな香りでおいしいのです。

こうして、わが家のおままごとみたいな焼肉ナイトが終わりました。今朝起きたら、家中が焼肉臭いので、今は窓を全開にして空気を入れ替え中です。

「正しさ」を手放して

4～6月

4月3日

人を下げず
みんなで
ハッピーに

4月になりました。今朝はいつもより早く目が覚めたので、早めにウォーキングに出かけたら久しぶりに朝焼けが見えました。すっかり夜明けが早くなりました。

先日、とある年配のおじさまと話をしたときのこと。

「最近、スタートアップの優秀な若者と会ってね」とおじさま。「すごくしっかりしていて、視野が広くて、よく考えていて、すばらしかったんだよ」と。そこまではよかったのですが……。

「僕が『その視点はすごくいいね〜』『なかなかそうは考えられないからエライよ』と言ったら、彼が『わあ、わかってくれるんですね。うれしいなあ』って喜んでくれてさ〜。彼のまわりでは、そんな話をわかってくれる人がいないんだよね。僕は昔同じようなことをしていたから、わかるんだよ。普通の人にはわからないだろうなあ。僕だけがわかってあげられて、よかったよ」って。

う〜む……。きっと、彼のまわりの人もわかっていると思うけどなあ。あのおじさまは、「彼のまわりの人」を下げて、「自分だけがわかっている」と自分を上げることで満足している……。おじさまの笑顔を見ていると、ちょっと悲しくなりました。

でも、きっと私も知らず知らずのうちに、こういうことをしちゃっているんだと思います。あの人より仕事を頑張っているし……とか、みんなに「へ～！」と思ってもらえる部屋にしよう！とか……。普通よりも、ちょっと上の「きれい」になりたい、とか。

人は「人を下げる」ことでしか自分を満たすことができないのかなあ。人は、人との比較でしか、自分の価値を見つけられないものなのかなあ。

「人と比べることをやめたらラクになる」とはよく言われることだけれど、「よし、よくやった！」と自分を認めるレベルを決めるとき、つい「誰かより」というものさしを使いがちです。

そんなループから抜け出すための、ひとつの方法が、「一人勝ちする」のではなく、「みんなでハッピーになる」へ、考え方を転換することなんじゃないかなあ。

あのおじさまも、誰かと張り合うのではなく、「あんなに優秀なら、きっとまわりの人もすごく助かるし、みんなで成長していけるだろうね」と、若者のハッピーをそのまま認められたらよかったのかも。

向上心は大事です。たとえば、テニスがうまくなりたい、とか、いい文章が書きたい、とか。

でも「誰かよりうまく」なるのではなく、「みんなでテニスをめっちゃ楽しみたい！」とか「出版業界が活性化して、本を読むことで幸せが広がればいいな」と考えていきたいなあ。比較を手離して生きていきたいと思うこの頃です。

4月 5日

ドライカレーとアンパンマン

最近、母に教えてもらったレシピでドライカレーを作るのにはまっています。わが家は夫がお酒を飲むので、基本的に夕食に「ご飯もの」や「麺類」が並ぶことはありません。だから、夫が出張でいないとなると、私はラーメンを作ったり、パスタにしたり、時々、カレーが無性に食べたくなって玉ねぎを飴色に炒めてカレーを仕込んだりします。そんな中に仲間入りをしたのが、このドライカレー。これが、なかなかおいしいのですよ！

にんにく、玉ねぎ、にんじん、ピーマンを細かく刻んで、にんにくと玉ねぎをバターで炒め、合い挽き肉とにんじんも加えてさらに炒めます。全体に火が通ったら、ケチャップとカレー粉、塩、鶏がらスープの素、りんごのすりおろしを加え、最後にレーズンとピーマンを加えて煮たらできあがり。水をまったく入れないことと、ピーマンのシャキシャキ感を残すことがポイントです。

大量に作って、まずはできたてを一人でいただきます。そして残りは小分けにして冷凍しておくと、「あ〜、今日はもうご飯作れない！」

という日に大助かり。夫も昼に解凍して食べたりしています。

何度かブログでも書いていますが、私はご飯を作りながら、掃除をしながら、ポッドキャストで「コテンラジオ」を聞いています。

あるときは「民主主義」の歴史、あるときは「菅原道真」、あるときは「オスカー・シンドラー」など、今までさまざまなテーマをおもしろく聞いてきたのですが、先日のエピソード48は、なんと「やなせたかしさん」でした。え〜？　「コテンラジオ」でアンパンマン？とあまり乗り気ではなかったのですが、聞きはじめたら、とたんに引き込まれました。昨日、全6回が終わったばかりなのですが、学ぶことがてんこ盛りでした。

やなせたかしさんがアンパンマンを世に送り出したのは、60代になってから。それまで、薬会社に勤めたり、デザイナーとして働いたり、絵本を描いたり。でも、なかなか自分が思う通りの作品を発表する場に恵まれなかったそうです。そんなやなせさんの根底にあったのは、戦争体験。いちばん苦しかったのは「飢え」だったそう。そう！　だからこそ、アンパンマンという「食べること」にまつわるヒーロー、自分をちぎって人に差し出す、というヒーローが生まれたというわけです。私がいちばん感動したのは、やなせさんが、アンパンマンにどんな哲学を込めたのか、というお話。

それまで世間で人気だったのは、スーパーマン、バットマン、スパイダーマン、月光仮面、ウルトラマンなどのヒーローたち。やなせさんは、それを見て「嘘くさいな……」と思ったそう。

悪いやつを倒して、ビームで怪獣を倒し、街を破壊して……。でも、本当に困っている、飢えている人や悲しんでいる人、苦しんでいる人を全然助けていない。それで正義の味方なの？って（もちろん、かつてのヒーローの物語には、深い意味が込められているものもあります。これは、あくまでやなせさんの思いだったということです）。

「どんなに戦っても、正義の味方は着ている服が破れたり、汚れたりしない」「僕たちが、戦争から引き揚げたときには、服はボロボロで真っ黒に汚れていたのに」と……。

そんなヒーローたちの姿は「自分のことだけをアピールしている」ように見えたそう。

「自分が正義と思っているヒーローは嘘くさい。どこかの国で戦争が起こったら、何が正しいかなんて、簡単にひっくり返ってしまう」と。

そんな中で、新しいヒーローを描きたいと思っていたといいます。

ある日突然「善と悪」は逆転する。逆転しない正義ってなんなのか？　そこで思いついたのが「食べ物」だった！　目の前で飢えている人にパンを差し出す。その正義は、絶対に逆転しない。こうして生まれたのがアンパンマンでした。

うわ〜すごい！と思いました。世の中で当たり前にもてはやされている「ヒーロー」に、「それ、ほんと？」と疑問を持つことって、なかなか難しいものです。その突破力となるのが、やなせさんにとって「戦争」という体験でした。つまり、自分のまわりにある既存の価値観に「それ、ほんと？」という疑問を投げかけるための力となるのは、自分自身の体験ってこと。「私があの苦しい思いをしたとき」の痛い思いが、真実を掘り出す力になる……。

なにがあっても、絶対にひっくり返らない真実を見つけ出す。そのために、私たちは、いろんなことを体験しながら、自分だけの「目」を育て、社会をもう一度、その「目」で再確認し、再構築し、なにを大事に生きていくかを発見し続けていくのだと思います。

ドライカレー

材料……合い挽き肉250g、にんにく1片、玉ねぎ150g、にんじん50g、ピーマン3個、バター大さじ2、ケチャップ大さじ1と½、カレー粉大さじ1と½、塩小さじ1、鶏がらスープの素小さじ½、りんご¼個、レーズン大さじ1

作り方…にんにく、玉ねぎ、にんじん、ピーマン、レーズンはみじん切りにする。フライパンを熱してバターを溶かし、にんにく、玉ねぎを炒める。ひき肉とにんじんを加えてさらに炒める。全体に火が通ったら、ケチャップ、カレー粉、塩、鶏がらスープの素を加え、りんごをすりおろして加える（りんごがないときは、お酢と砂糖少々を）。レーズンとピーマンを加えて水分がなくなるまで炒めたら完成。

波多野光さんの個展で買った、金時草と豆の絵を飾って。壁に画びょうを打ってひっかけただけ。

球根付きのムスカリやチューリップは、普段見慣れた花とはちょっと違う表情。

花だけではなく、
根元の球根が見えるように、
透明のガラスのピッチャーに
少し水を入れて花をさしてみた。

障子の張り替えは、まずは古い障子をはがすところから。桟の上の障子紙を水で濡らしていく。

毎年恒例の文旦ジャム作り。高知の「ろぼ農園」から無農薬の文旦を取り寄せ、
皮をひたすら刻んでコトコト煮込む。家中が甘酸っぱい香りに包まれる。

大さじ４杯分のお米を鍋に入れて
毎朝お粥を炊く。
炊きたては、粒が立って
やみつきになるおいしさ。

自宅で作るプリンは、
できたての熱々と、冷やしてと２度おいしい。

白くて薄い花びらが
なんとも可憐な夏椿の花。
街路樹の花の名前を
ひとつずつ覚えていくのも楽しい。

いただいた梅は、きれいに洗い、ひとつずつなり口を取っていく。
ジップロックに入れて冷凍。冷凍した梅を氷砂糖と交互にびんに詰める。
これでおいしい梅シロップに。

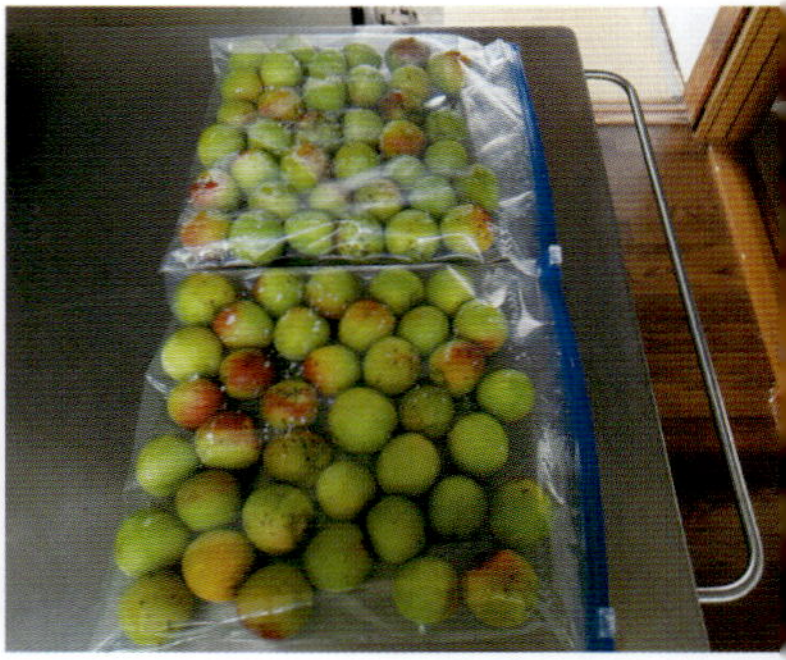

夏のバッグに欠かせないのが、虫除けスプレーとかゆみ止め、歯間ブラシとマウスウォッシュ。

読みかけの本やノートを「無印良品」の木箱にまとめて、自分時間用ボックスに。

びんの中にアルミホイルと重曹、
シルバーのアクセサリーを入れる。
沸かしたお湯を注ぎ、そのまま冷めるまで待つ。

黒ずんでしまったシルバーのアクセサリーも、この方法だと簡単にピカピカに。

立ち寄ったサービスエリアでノートを広げて“ミーティングミー”の時間を。

上が今までの長財布。下が新しく買った「SAFUJI」の「こさいふ」。

朝のウォーキングの足元にかさこそ鳴る落ち葉が。

関西でのイベントのためにパッキング。
6泊7日分の洋服と化粧品、
ホテルで飲むお茶、
パソコン、書類などなど。

実家で、父と母がまだ寝ている時間に起き出して、一人ベランダから見た朝焼け。

縁側の日差しがポカポカで、昼ご飯のあとお昼寝を。

4月6日

AIが発達したら人間はどうなる？

定期的に為末大《ためすえだい》さんのnoteを拝読しています。独自の分析があっておもしろい！　先日のテーマは「息子の教育をどうするか」でした。

近年、Chat GPTが話題になっていますね。私は触ったことがないので詳しいことはわからないのですが、ちょっと説明しておくと、Chat GPTは人工知能チャットボットで、質問に対して、幅広い分野の知識をもとに、自然な文章で詳細な回答をしてくれるというものです。

こうしてどんどん世界が新しくなっていくと、「息子に対して『これをやっておけば将来役にたつ』と言えることがほとんどなくなってきたと感じています」と為末さん。

そのうえで、「以下の3つは今後もなくならない」として、息子さんの前で実践するようにしているそう。

1. おもしろがる力

「おもしろさは、『対象のおもしろさ』と『おもしろがる力』のかけ算で決まっていて、おもしろがる力さえ身につければ、世の中はだいたいおもしろくなると考えるようになりました」

為末さんが陸上選手の時代、「走っていて何がおもしろいの？」と言われたけれど、とってもおもしろかったそう。私たちは「おもしろい対象」が見つからないと、おもしろがれないと考えがちだけれど、「おもしろそうじゃないもの」でも、自分に「おもしろがる力」さえあれば、人生はおもしろくなるということだなあと思いました。

2．魅力的であること

「人間の能力差をＡＩがカバーし始めると、人間の評価は何かができるという機能面から、好き嫌いに入っていくと思います。（中略）自分が溢れ出ている人は魅力的です。ですので、父親自ら欲をそのまま出すことと、その欲を自分でも知っているというふたつを意識して息子に見せています」

人間の評価は、何かができるという機能面から好き嫌いに入っていく。これも新しい時代の考え方だなあ。ＡＩが発達すると、人間がより人間的になっていくっていう逆説はおもしろいですね。

だからこそ、自分が溢れ出ている人に……。ＡＩが発達すると、無味乾燥な世の中になるのかなと思っていたけれど、ＡＩができないことにフォーカスすると、人間がより人間らしく生きていくということなのかもしれません。

3．仲良くなれること

「これは、社交がうまいというのとは少し違っています。社交の訓練をしすぎるとパブリックなペルソナが強くなりすぎて、外から見て中身が見えなくなってしまいます」

なるほど〜。誰かとうまくやることばかりを考えると「誰かから見た自分」という仮面をかぶった私、になってしまうってことだよなあ。

「仲良くなれる」っていうのは、本当の自分でつきあうことなんだなと感じました。

最後に為末さんはこんなふうに綴っていらっしゃいました。

「これからは人間らしさの時代だ。父さんもＡＩ時代を泥臭く生きていくからおまえもなんとかするんだぞ」

こんなふうに誰かの文章を読み、自分にはない視点を知り、そこから世界を見る目を更新する……という体験は、本当にワクワクします。

ＡＩがすごいスピードで発達し、世界がどんどん変わっていったら、私自身はどう変わっていくのだろう？　ついていけるのかな？　取り残されちゃうかな？と不安もあるけれど、新たな景色が見えてくるかもしれないことを思うと、それを見てみたくて、知りたくて、たまらなくなります。

4月 11日

最近、仕事が早くなったワタクシ

自分で言うのもなんですが……最近、仕事のスピードが早くなったなあと感じています。原稿を書くのも、コンテを書くのも、メールで連絡するのも、構成を考えるのも。以前なら、もっともっと時間がかかっていたのだけれど、ちゃちゃっと済むようになってきた。

それは、もちろん歳を重ねて経験値が上がってきた、ということだったり、「初めて」の仕事が減って、やり慣れた仕事が定着してきた、ということだったりするのですが。かつては、毎日朝から晩までなんだか忙しくて、それでも終わらなくて「あ〜あ」とため息をついていたけれど、今は、ぎゅっと集中して仕事をするのは午前中だけだし、夜は仕事をしないし。それでも、ちゃんと終わるし、早く手放せるようになってきました。

どうして早くなったのかな?と考えてみると——以前より、完璧を目指さなくなった、ということがあるように思います。

「ま、いいか、最初は70点で」

そうなると、気持ちが軽くなって、

「とりあえず、やっつけちゃおう」と、ウジウジ悩んでいる時間がなくなって、ちゃっちゃか手を動かすようになった気がします。

前は「100点じゃなくちゃ」と意気込んで、その結果、100点にもっていくことに時間がかかるのではなく、高すぎるハードルの前でげんなりして、「は〜」と、エンジンをかけるまでに時間がかかっていました。

完璧に仕上げなくても、とりあえず60点、70点のものを作ってみて、それで差し障りがあるようなら、その時点で手を加えればいい。「いい格好しい」の自分を手放して、「今、できるところまでできたらいいやん」と考えると、仕事が早くなりました。

そして不思議なことに、「70点でいいやん」と仕上げたものが、案外、そのままブラッシュアップすることなく、最後までそれでOKということが多い。1、2個付け加えるものがあったとしても、基本路線は、60点、70点のままでいけることが多いような気がします。

「もっといい企画があるんじゃないかな？」

「もっといいレイアウトがあるんじゃないかな？」

「もっといい言い回しがあるんじゃないかな？」

こんなふうに１００点を想定するけれど、実は、あそこにあると思っていた１００点は蜃気楼に過ぎず、自分の頭で考えることができることなんて、所詮70点なのかもしれない……。自分の足で行けるところは、そのレベルまで、なのかもしれない。

そう考えると、気持ちがぐんとラクになって、フットワークが軽くなり、とりあえず走り出すことができます。

もちろん、今でも悩んだり「これでいいのかなあ？」とぐるぐる考えたりする日もあるけれど、できれば身軽に、走りながら考えて、ちゃちゃっと仕事を終わらせて、おいしく晩ご飯を食べたいなあと思うこの頃です。

4月 13日

お財布スリム化大作戦

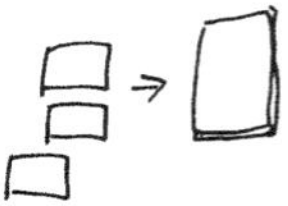

実はワタクシ、去年あたりから財布をずっと買い替えたいと思っているのです。長財布から、巷で人気を集めているというミニ財布に変えるつもり。

というのも、数年前から支払いはほとんどカードでするようになり、現金を持ち歩かなくなったから。バッグを軽くしようと、いろんなものを軽量化、コンパクト化している中、財布も変えてみよう！と思ったのです。

今は、財布を変える前に、財布の中身軽量化作戦を実施中。まずは、カードを減らすため、少し前からポイントカードをアプリに移行しています。Ｓｕｉｃａや新幹線に乗るときに使うエクスプレスカードは、ずいぶん前にアプリに変えていたけれど、まだまだ変更できるものがいっぱい！　今さらながら気づいたのですが、スーパーや家電量販店などのポイントカードは、すっかりアプリに変わっているのですね。いつも行くスーパーでレジのあたりをキョロキョロ見渡し、アプリのＱＲコードをゲット。家に帰ってからダウンロードしました。どちらも使えるらしく、こんなアプリがあるなんて知りませんでした。

コープのほぺたんカードも、ヨドバシカメラのカードも、アプリに移行。アトレカードはJREのポイントカードに。カーシェアのタイムズも、今まで借りた車をカードでオープンしていたけれど、アプリで鍵が開けられるようになっていた！　初めてお店でアプリを使うときは、操作の仕方がわからなくてオロオロしたり、レジのお姉さんに「ここを押して〜」と手取り足取り教えてもらったり。今、やっと慣れてきたところです。

財布の中が、少しずつすっきり軽くなってきました。次は、ミニ財布を見つけなくちゃ！

4月 14日

わが家にやってきた「黒いもの」

少し肌寒い東京の朝。わが家は古い平屋で断熱性が低いので、春になってもなかなかストーブをしまうことができません。今朝もちょっとだけつけました。昼間はぐんぐん暖かくなると、今、ラジオの天気予報で言っていました。

先日、わが家に立て続けに「黒いもの」が届きました。ひとつは自転車の雨用のサドルカバーです。私が住んでいる武蔵野市では、一年ごとに駐輪場の定期利用の更新をしなくてはならず、今まで4階建ての駐輪場の3階だったのに、今年はなんと4階になった！　とほほ。自転車を押して4階まで上がるのも、帰りにスーパーで買い物をして、重たい荷物を持って4階まで上がるのも、超大変です。

さらに！　4階というのは屋上なのです。つまり、雨が降ったら自転車が濡れる、ということ。そこで、サドルにかぶせる防水カバーを買ったというわけです。Amazon で見てみたら、とてもたくさん種類があったのだけど、ケースの可愛さで決めました。ふたつセットだったので、ひとつは夫に。

もうひとつの黒いものは、お箸です。ある日夫が、「これ、割れちゃった」というので見ると、箸先が見事に斜めに裂けていました。「どうやったらこんなふうになるのよ！」と怒りましたが（笑）、もう使えそうにありません。

わが家はずっと「大黒屋」の黒檀《こくたん》の七角箸というものを使っていました。これは、ずっと以前に、私が女優の山口智子さんの連載を担当していたとき、江戸木箸の取材に一緒に行った際に教えてもらったものです。

六角とか七角とか八角とか、面取りしてあるお箸は、丸箸と違って、食卓の上で転がることがないので使い勝手がいいのです。さらに、七角形という奇数は、作るのが難しくて、職人さんが指先だけの感覚で削り出しているのだとか。人は、親指、人差し指、中指の3本で箸を操るので、七角箸の、51・4度という角度が、指にフィットして絶妙に収まり具合がいいそう。

ただ、ちょっとお高い……。で、今回は節約して八角箸にすることに。歳を重ねる中で、暮らしをひとまわり小さくしていこう、と思っています。「使うことで、いいものを知りたい」と思っていた時代を過ぎて、今は、身の丈のものを選びたい。なので、もっとリーズナブルなお箸に変えようかなあとも思いました。でも、お箸って毎日必ず使うもの。毎日使うからこそ、すぐに塗りがはげたり、欠けたりすることなく、長く使えるものがいいなあと。ぐるぐるといろんなことを考えた結果、八角箸になったというわけです。

ものを選ぶって、難しいですね。でも、こうやって、ああでもない、こうでもないと考えをめぐらせる時間も楽しいもの。

サドルカバーの袋を鞄にそっと入れるとき、ご飯の前に、箸置きの上に新しいお箸をセットするとき、一人にんまりしています。

4月 16日

新しいレシピに挑戦した日

庭のヤマブキを玄関に飾りました。これからの季節は、庭で咲いた花を部屋の中に飾ることができるのでうれしい！　クリスマスローズもまだ咲いているし、ムスカリ、クレマチス、そして山芍薬《やましゃくやく》と続きます。楽しみだなあ。

さて。毎日、夕方が近づくと、「今日の晩ご飯、何にしようかなあ」と考え始めます。大抵、作り慣れたものを繰り返し作ります。魚と肉を交互に。でも、そろそろ何か新しいおいしいものを食べたいな〜と思ったら、仕事の帰り道、スマホで「みんなのきょうの料理」をチェック。ＮＨＫの番組で放送されたレシピがあれこれ紹介されていて、いろいろな料理家さんのおかずを一気に見ることができて便利です。

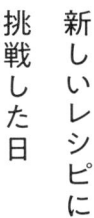

先日は時間があったので、新作に挑戦することにしました。以前見て「これ、おいしそう！」と思い、「マイレシピ」に保存しておいたもの。タサン志麻さんの「プチポワ・フランセーズ」というなんだか洒落た名前の一皿です。

名前は凝っているけれど、作り方はいたって簡単。新玉ねぎと春にんじん、グリーンピースをバターで炒め、水と固形スープ（私は鶏がらスープの素で）を加えて煮詰め、最後にベーコンとレタスを加えてソースのできあがり。豚ロース肉をソテーして、この豆のソースの上にのっけていただく、というものです。

これが！　びっくりするぐらいおいしかったのですよ。新玉ねぎと春にんじんの甘さ、グリーンピースの香りをバターがぐいっと引き出して、コクがあって、肉はなくても、このソースだけでもおいしい。

私は豚肉はロースではなく、肩ロースを選びます。ちょっと高いけれど、やわらかさが全然違います。ゆっくりカリッと焼いた肉と、この豆のソースを一緒にいただくと、うんま〜い！　最後に加えるレタスがシャキシャキした歯ごたえで、いろんな素材のおいしさが一皿で味わえます。

このソース、きっとチキンや魚にも合うと思う。今度は上にのせる素材を変えて作ってみようと思います。

そして！　こんな料理を食べるときだけ出してくるカトラリーがあ

ります。それが、以前『暮らしのおへそ』の別冊『ちょっと背伸びのもの選び』という本で小川糸《おがわいと》さんに教えてもらった「アイヘンラウプ」というブランドのもの。

糸さんは、ドイツで暮らしていた時期に、いい肉を少しだけステーキで食べる習慣がつき、そのときに、「す〜っと切れるカトラリーが欲しい」とこれを選んだのだとか。先が丸いので、そんなに鋭利に見えないけれど、まさにす〜っと切れる！　糸さんちでご馳走になったとき、その切れ味に感動して「私も欲しい！」と思ったのでした。

でも、残念ながらこのカトラリー、日本では売っていないのです。取材の後、あれこれネットで調べてみたけれど、海外通販で買うのはちょっと自信がない……。それであきらめて、でもずっと頭の片隅にはあったのでした。

そんなとき、出会った方がドイツに行くというではないですか！「もしも、よかったら……なんですが、あったら買ってきてくれませんか？」とお願いして、買ってきてもらったのです。

わが家では、塊肉《かたまり》はめったに食べないので、普段は箱の中に大切にしまっておき、「今日はステーキ！」という日だけ取り出してきます。新しいレシピで作った一皿はおいしいし、久しぶりに取り出したナイフはす〜っと切れるし。幸せな夕飯のひとときでした。

4月 19日

おしゃれに新しい風を

先日やっと、冬物のコートやウールのパンツ類をクリーニング店に持っていきました。少しずつ春から初夏への服を整えています。

最近買ったのは、「ニューバランス」の靴の中敷。今まで使っていたのより、ワンランク上のものです。ここ最近はスニーカーしか履かない、という状態だったのですが、今年はちょっと手持ちのレースアップシューズも履きたいと思っています。でも、スニーカーのラクチンさに慣れてしまったら、革靴は疲れる……。そこで、中敷をバージョンアップしよう、と考えたわけです。

靴にセットして出かけてみたら、これがなかなかいい！　厚みがあるので、クッション性があり、ふんわりとした履き心地に。これなら、しまいっぱなしになっていたレースアップシューズの出番も増えそう。

もちろんスニーカーも履きたい。ずっと「On（オン）」のものばかりを履いていたので、こちらもちょっと違うものが欲しいなあと思い、「ヴェジャ」というブランドのスニーカーを買いました。スポーツタイプよりちょっときれい目です。

4月30日

シルバーのお手入れ方法

『大人になったら、着たい服』のイベントで店頭に立っていたとき、販売担当の方たちからシルバーのアクセサリーの手入れの仕方を教えていただいたので、さっそく試してみました。

シルバーのアクセサリーって、引き出しの中にしまっていても空気に触れるだけで黒ずんでしまいます。ジッパー付きの小さなビニール袋に入れてしまっていたのですが、今回、イベント前に出してみたら、「あらら……」というぐらい黒ずんでいました。でも、磨いている時間もなく、その中からマシなものを選んでバタバタと出かけたのでした。そんな話をしたところ、「え～、めちゃくちゃ簡単な手入れ方法があるよ」と教えていただいたというわけです。

まずは、びんの内側を覆うようにアルミホイルを入れます。そこに重曹を投入。アクセサリーを入れ、沸騰したお湯を注ぎます（ペンダントトップで石の入っているものなどは、はずして）。このままの状態で冷めるまで放置。さて、どうなったかなあ？と取り出してみると――。

ピカ〜ン！とすべてきれいに蘇りました。銀磨き専用のクロスなどもあるけれど、この方法の方がずっと簡単！　これから定期的にお手入れしようと思います（メッキ仕上げのものなど、この方法が不向きな場合もあるので、ご注意を）。

イベント中、店頭で時間があるときに、出店者のみなさんから、いろいろなことを教えていただきます。

「洗濯、どうしていますか？」だったり、「靴の中敷、なに使っていますか？」だったり。おしゃれにまつわる仕事をしている方は、いろんな知恵を持っていらっしゃいます。そんなささいな習慣を知ることが楽しい！　家に帰ってまねしてみたら、暮らしの整え方に、新たな選択肢が加わります。

5月　1日

ちっちゃいお財布買いました

ついに！　ミニ財布を買いました。以前、福岡の「トラム」で見かけてずっと気になっていた「SAFUJI」のものです。東京の東小金井にあるショップは、1か月に3日ほどしかオープンしないので、なかなか日程が合わず、やっと先日行くことができました。中央線の東小金井駅からトコトコ歩いて10分ほど。素敵なお店が見えてきます。

店内にはお客さまがいっぱい。スタッフの方がとても丁寧に説明してくださり、カードの出し入れや、お札に見立てた紙の出し入れの様子を見せてもらいました。

今まで使っていたものに比べると、随分小さい！　できれば、お札は折らずにしまいたい、と思っていました。この財布は、小さいけれど、それが可能なのです。

財布を開くと、一番左にカード、その次が、お札の左側、その次が小銭、いちばん右がお札の右側。ただ、問題は領収書……。「お札と一緒に、領収書も入りますよ」とスタッフの方。

フリーランスの場合、確定申告をしなければならないので、領収書はできる限りたくさん保管しておかなくてはいけません。今までの私の長財布は、いつも領収書でパンパンでした。なので、この「こさいふ」を使うなら、ちゃんとこまめに出す、という習慣にしなくてはいけません。大丈夫か？　アタシ。

これほどミニサイズでない、もうちょっと大きめもあり、だんだん小さなものに買い換えるという方法もあったのですが、「お財布を小さくしたい！」と思い立ったら、とことん小さくしたい！という極端な性格で（笑）。しばらくは、これを使ってみようと思います。

今日、さっそく持って出かけましたが、カバンの中ではかさばらないし、さっと出して、さっと使えて、なんだか超身軽になった気分！ちゃんと家に帰って領収書も指定のホルダーに入れました。毎日使うものが新しくなると、気分がぐんと変わりますね。

自分を初期化しなくちゃ!

5月3日。本日ワタクシの誕生日。なんと60歳になりました。還暦であります。自分でも信じられない……。干支が一巡して誕生した年の干支に戻るから「還暦」と言うそうです。そう! つまり、もう一度さらっぴんに戻るってこと。リセットする。真っ白にする。さらっぴんになる。そんな日に考えたことがあります。

今、週に2回通っているテニスで取りかかっているのが、学生時代にやっていた軟式テニスのクセを抜くこと。これがなかなか難しい。中学、高校、大学と軟式テニスをやっていたので、もう体がそのフォームや打ち方を覚えているのです。それを一旦リセットする……。

フォアハンドなら、ラケットを持った右手と一緒に左手を出し、左手にラケットを渡すようにまっすぐ振る。バックハンドなら、一度剣道の構えのように、両手でまっすぐにラケットを出し、そこから肩を入れてラケットを引く。この「打つ前」の一連の動作は、コーチが、軟式のクセが出ないように考えてくれたものです。つまり、「左手を出す」とか「剣道のようにまっすぐ両腕を伸ばす」という動作を、あえて打つ前に入れることで、軟式のように打てなくするということ。これがなかなか有効で、最近ちょっとうまくいくようになったかも！　とウキウキしております。

つまり、新しいことを学ぶためには、自分が思い込んでいた「正しさ」を一旦すべて手放さないといけない、ということです。でも、私が9年間の月日をかけて、コツコツと練習を重ね、体に刻み込んだ軟式テニスの正しい打ち方を手放すとなると、体が拒否反応を起こします。体が「これが正しい」と認識していることを封印することは、なかなかできません。

でも、自分の中の「正しさ」を一旦初期化しないと、次のことをインストールできないのです。この初期化＆インストールを実行する唯一の方法は、「言われた通りにやってみる」ことです。

私の体は、思いっきりラケットを引いて、思いっきり肩まで振り抜きたいのです。でも、それをやると硬式テニスではうまくボールが飛ばない……。だったら、体が「それは違う」と言っていても、その声を聞かないふりをして、違和感があったとしても、コーチの言う通りにやってみるしかない。それが正しいかどうか理解できていなかったとしても、言われた通りに体を動かしてみると、パコ〜ンときれいにボールが飛んで「ああ、そうか！」となる。

これって、すべてのことに通じるなあと、レッスンの帰り道、車を運転しながら考えました。ある程度の年齢になると、経験も蓄積されるし、「こうすればうまくいく」というセオリーを、いくつか持つようになります。でも、世の中にはいろんな価値観が溢れていて、知らないことがいっぱい！　だから、まだまだ学びたいと思います。

キャリアだ、自信だ、経験だ、と言っていないで、自分の中を掃除して、初期化し、再起動して、学びに行ってみようと思ったのでした。

5月 7日

ぴかぴかの新玉ねぎでステーキを

昨日、淡路島のナカヒラファームさんより、ぴかぴかの新玉ねぎが届きました。中平さんは、去年、「パーマネントエイジ」の林夫妻の本『大人の明日』を作った際に、取材にご協力いただいた方。大阪から淡路島に移り住み、夫婦で減農薬の野菜を作っていらっしゃいます。

お送りいただいた玉ねぎは「七宝」という名前の人気商品なのだとか。箱を開けたら、あまりに美しくて、しばし見惚れてしまいました。簡単な作り方を書いたレシピも同封してくださっていました。

レシピの中のひとつ、玉ねぎのステーキを作ってみることに。玉ねぎの上下を落とし、横半分に切って、オリーブオイルをひいたフライパンで、フタをしてじっくりゆっくり焼きます。片面15分、返して5分と書いてあって、そっか、こんなに時間をかけなくちゃいけないのね！とびっくり。放りっぱなしにしてほかの作業をしていたら、たちまち時間が経ちました。「塩だけでも、塩と粒マスタードでも、ポン酢でも」と書いてあり、ちょうど、おいしい粒マスタードを買ったばかりだったので、それでいただくことにしました。

いやー、玉ねぎを焼いただけなのに、こんなにおいしいなんて！　じっくり焼いたから、ねっとり、しっとり。甘さをマスタードが引き立てて、夫と一人1個ずつぺろりと食べてしまいました。

このほか、電子レンジでできる玉ねぎ料理もおすすめです。こちらは玉ねぎの上部から放射線状に8等分の切れ目を入れて、丸のまま1個ずつラップに包んで電子レンジ600Wで6〜7分チンするだけ。鰹節とポン酢をかけていただくと絶品です。

「違い」の奥底には、「おんなじこと」が眠っていた！

イベント続きで、その合い間に取材やら打ち合わせやらがぎゅっと詰まり、バタバタ過ごしております。そんな中、土門蘭《どもんらん》さんの『死ぬまで生きる日記』（生きのびるブックス）を読みました。

とってもいい本だったなあ。実は、読み始めたとき、「あれ？間違えちゃったかな……」と思ったのです。というのも、土門さんは、10歳になる頃から、特別な理由はないけれど、何かの拍子にふと「死にたいな」と思ってきた……と書いてあったから。私は「死にたい」と考えたことがなかったし、そんなふうに思う人のための本なのかな？と思ってしまったのです。

この本は、そんな土門さんが、カウンセラーさんと対話しながら、ままならないご自身を見つめた2年間の記録です。読み進めるうちに、どんどん引き込まれていきました。そこには、「死にたい」という気持ちを分解し、何が潜んでいるのかを分析し、発見したことが、丁寧に綴られていました。そして、その「分析」の中には、私も「そうそう、そう思ったことある！」ということが、いっぱいあったのです。

「『幸せ』がなくなるのが怖い。それなら最初から『幸せ』などない方がいいと思ってしまう」

この土門さんの言葉に、「そうそう、そうなのよ！」と頷き、それに対するカウンセラーさんの、

「人間は本能的に『幸せ』に対して恐怖を感じるのだそうですよ」
「『幸せ』を失うのが怖いから、苦痛だからです」
「『幸せ』って、『不幸』より認識しにくいんですよ」

という言葉に、「へ～そうなんだ！」とびっくりし……。

「不安になると不安をなくしたいと思うし、死にたいと思うとその気持ちをなくしたいと思う」

という土門さんに対し、カウンセラーさんは、「では『解決しようとしない』というのをやってみてはどうでしょう？」と提案します。

「問題ってね、『解決しよう』と思わなかったら、問題じゃなくなるんですよ」

この言葉には驚きました。お母様との関係がうまくいかず、小さな頃から寂しかったという土門さん。それに対してカウンセラーさんは、こんなふうに言います。

「みんな、自分の穴を埋めたくて必死なんです。その穴を埋めてくれる他人……つまり愛情を、必死で求めています。でもね、その穴にパズルのようにぴったりはまる愛情ってないんです。なぜなら、人と人は違うから」

この言葉も胸にしみました。

こんなふうに、土門さんとカウンセラーさんのやりとりの中には、死にたくなる人にも、死にたいなんて考えたことがない人にも、たぶん、ポジティブな人にも、ネガティブな人にも共通する人間の根源のようなものが確かにある。だから、読む人はみんな、自分の心のどこかにある何かと共鳴させながら読むことができる……。

それはきっと、土門さんがご自身の中に起こったことを、信じられないほどの精密さで、丁寧にすくい上げているからなんだろうなあ。

あの人と私は違うとあきらめてしまうことは簡単です。だから、私のことを説明したってわかりあえないって……。でも、違いの中にも「おんなじこと」はある。それが、私がこの本を読んで発見したことでした。

土門さんと私はまったく違う。でも、同じことがたくさんあった。

私は今まで文章を書くとき、みんなが「そうそう、そうだよね〜」と思ってくれることを書こう、と思ってきました。でも、もしかしたら、それだけじゃなかったのかも……。

みんなはそうじゃないかもしれないけれど、私はこう。そんな違いも、丁寧に分解していけば、多くの人とシェアできる「真実の粒子」みたいなものが静かに眠っているのかな。

5月 19日

生活の中の香りって大きな存在

この時期、ウォーキングに出かけると、どこからともなくいい香り。あっ、もしかして！と視線を上げると、見つけました！ タイサンボクの大きな花。普段歩いている視線より、ずっと上なので、いつも気づかず、香りを感じて「あっ！」と見上げます。学名はマグノリア。純白のこの花を見つけると、なんだか神々《こうごう》しくて、いいことがありそうな気がします。

この頃バタバタしていて、気づくと、夫が毎朝食べるグラノーラを入れたびんが空っぽになっていました。いかん、昨夜作ろうと思ったのに忘れてた！ ということで、早朝からグラノーラ作り。といっても、材料をボウルに入れて混ぜて、オーブンシートの上に広げて焼くだけなので、10分もあれば作業完了です。掃除をしている間に、部屋中にいい香りが漂います。タイサンボクの香りから、グラノーラの香ばしい香りへ。今日は、鼻がヒクヒク動く日です。

そして、このブログを書いている最中に、夫が起き出して、私が洗濯機のスイッチを入れておいた洗濯物を干し、コーヒーを淹れてくれました。ＮＨＫの朝ドラを見る頃には、今度は家中にコーヒーの香り。「あ〜、いい匂い」と言いながら、テレビの前に集合します。

この時期、書斎で焚いているアロマオイルは、スイートオレンジ。もう少し暑くなったら、ミントやローズマリーに替えます。

香りって、本当に人を幸せにしてくれるなあと思います。

グラノーラ

材料……オートミール２５０g、薄力粉１００g、塩少々、ミックスナッツ90g、オリーブオイル80g、メープルシロップ１４０g、ドライフルーツ80g

作り方…ドライフルーツ以外の材料をボウルに入れてよく混ぜる。天板にオーブンシートを敷き、混ぜたものを広げ、１７０度に予熱したオーブンで30分焼く。焼き上がったら少し冷まして全体をほぐし、ドライフルーツを混ぜる。

5月 22日

日曜日は「いつも」の外の広い世界へ

「日曜日は仕事をしない」と決めたのに、これがさっぱり守れません。そもそも日曜日に取材が入れば出かけなくてはいけないし、イベントもあるし、原稿の締め切りがあれば「気になる……」とパソコンの前に座ってしまうし。いかんいかん、と昨日は久しぶりにちゃんと「おやすみ」しました。

まず、午前中は知人二人がわが家へ。私が着なくなった洋服をお裾《すそ》分《わ》け。キャッキャと言いながら試着大会をして、おしゃべりして、帰っていきました。

それから、すぐにお出かけ。大好きなイラストレーター、波多野《はたの》光《ひかる》さんの個展へ。野菜や植物を中心に絵を描いている波多野さん。ずっと以前にヤツデの絵を買って、今回は小さなものを2枚。金時草と豆の絵です。かわいいなあ。

帰ってきてさっそく飾ってみました。絵って、部屋の空気をガラリと変えてくれます。久しぶりに絵を買って、やっぱりいいものだなあと、にんまり。

ギャラリーまでの道、自転車をこぎながら（わが家から近いギャラリーだったので）、「ああ、この感じ、この感じ！」と思ったのでした。どこかへ何かを見に行くには、行きと帰りの時間が必要です。ギャラリーに滞在する時間は30分ほどでも、行って帰ってくるまで、いくら自宅から近くても1時間半ほどかかります。いつもは、「ああ、行きたいけれど、その時間で仕事をすればはかどるなあ」と思ってしまうのだけれど、思いきってエイッと出かければ、その道中も「絵を見に行く」という過ごし方に含まれているんですよね。

もしかしたら、行って、帰って、という時間の方に大事なことが潜んでいるのかも。いつもとは違う道を通り、通りすがりの素敵な家に「ほう〜」と関心し、見たことのない庭木の花を「あれ、なんだろう？」と立ち止まって見上げて。そうやって、自転車をこいだり、歩いたりしながら、少しずつ、心が日常から切り離されて、いつもの思考回路の外で、ものを感じたり考えたりできるようになってくる……。ああ、これが私が「日曜日」で欲しかったものなんだ、と改めて思い

ました。

さらに！　帰ってからはネイルサロンに。そろそろサンダルを履くシーズンなので、足にパワーポリッシュを。今回は、奮発してかかとや足裏のケアもしてもらい、ワックスでパックをして、ツルツルになりました。「今年もまたおんなじでいいんですか？」とおねえさんには笑われたけれど、毎年おんなじ足爪になります。

夫が出張中だったので、夜はテニスのレッスンへ。イベントや雨などで、しばらく行っていなかったので、とたんに下手になっていて、落ち込みました（笑）。

こうして、充実の日曜日が終わりました。心の隅っこで「あれもしなくちゃいけないんだけど」とちらりと考えながらも、平日とは違う自分になるって、やっぱり必要だなあと思いました。

仕事モードで過ごしていると、その中でしかものを考えられなくなります。大袈裟に言えば、「仕事をしていない私」なら見えるだろうものが見えなくなる……。きっと、子育てをしている人は「お母さんの中」で、専業主婦の方は「家の中」で、会社員の方は「会社の中」で。みんな、「いつもの自分の中」にいるけれど、その一歩外には、別の世界が広がっている。当たり前のことなんだけれど、すぐそこにあるのに、「そっち」には、なかなか風景を見に行くことができません。

世界はもっと広いぞ〜って感じるために、日曜日を使えればいいなと思っています。

5月 26日

幅広マステをふすまに貼ってみた！

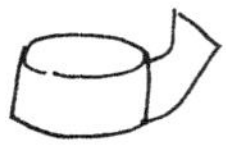

いつものウォーキングの道中が、少しずつ紫陽花《あじさい》街道になってきました。こっちは白、あっちは紫、あれっ、ここはピンクだ！　少しずつ色づく花を眺めながら歩くのが楽しみです。

先日、インスタグラムでたまたま見かけた動画に目が釘付けになりました。いつもよく使っているマスキングテープ、あれの、ものすごく幅広タイプがあるというのです。その動画では扉のプチリメイクに使っていました。マステなので、貼ってからはがすこともでき、簡単に扉や壁のイメチェンができるのだとか。

「これだ！」と心がときめきました。というのも、築50年のわが家、ここに引っ越して18年目。ふすまがどんどん古くなり、ずっと前に自分でシール式のふすま紙で貼り替えてみたけれど、根が大雑把《おおざっぱ》人間なので、仕上がりは凸凹、しわしわ……。やっぱり私には向いてないわ～と、それ以来古くなったふすまを見て見ぬふりをしてきたのでした。

そうだ、これをふすまに貼ったらいいかも！　ということでさっそく貼ってみました。本来は、扉をはずしてから貼るものなんでしょうが、そこは大雑把人間のワタクシ、「失敗したらはがせるし！」とそのまま貼り始めました。

誤算は、ふすまの場合、貼ってはがすと、下のふすま紙がはがれてしまうこと。なので、少々シワがよってもそのまま貼って、あとからヘラで伸ばしました。

ふすま紙と違って、シマシマっぽい仕上がりになるし、細部を見れば、やっぱりシワがあるし、継ぎ目や斜めになっているところもあるけれど、あの薄汚れていたふすまが、ピカ～ン！と真っ白になりました。満足！

面倒くさがりの私には、30分もかからずにできちゃう、これぐらいのプチリフォームが向いているようです。ほかのふすまにも貼ってみよう。ちょっと手を動かすのって楽しいですね。

6月 1日

エイッと手を動かして梅雨支度を

今日から6月です。わが家の紫陽花がモリモリと咲いております。この家に引っ越してきた18年前、庭木のすべてがチョンチョンに刈り込まれていて、どこに何が植えられているのかさえわかりませんでした。最初に伸びてきたのが、この子。でも、その年の梅雨時には花をつけず、翌年やっと咲いたときはうれしかったなあ。毎年少しずつ花数が違って、今年はスペシャルにいっぱい花をつけています。

原稿に追われながらも、少しずつ季節仕事を。昨日は、和歌山新宮市のお魚屋さん、中本さんからピカピカの魚と梅を送っていただいたのでさっそく梅の準備をしました。

売っている梅とは違い、不揃いなところが愛おしい！　なり口を取って、きれいにお掃除。梅シロップを作る予定なので、冷凍しました。

東京はまだ入梅前ですが、ジトジトベトベトになる前に準備を。まずは、いつもわが家で大活躍してくれている衣類乾燥機のお手入れ。これ、水をためるタンクや差し込み口に、すぐにカビがつきはじめる

ので、アルコールで拭いて、風を通しておきます。フィルターも洗って干しました。

　こういう地味な仕事って、つい「まだいいか」とか「今度、時間があるときに」と後まわしにしがちですが、ちょっと手を動かすと、エンジンがかかるものですね。そのエンジンを利用して、「ついでにこれも！」と「面倒くさいシリーズ」をどんどん手がけちゃうのがコツ。梅雨どきの、なんだかすっきりしない重〜い空気って、こうやってシャキシャキ動くことで、思っている以上に心が晴れるものだなあと実感しました。

梅シロップ

材料……梅1kg、氷砂糖1kg

作り方…竹串の先で梅のなり口を取り、洗ってから保存袋に入れて冷凍庫に入れる。梅が凍ったら、消毒したびんに、梅と氷砂糖を交互に詰める。水分が出てきたら、一日2〜3回びんを揺らす。氷砂糖が溶けたら完成。

6月 3日

おやつをちょっと変えてみた

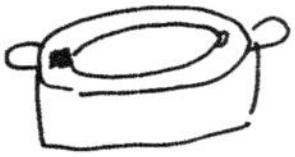

最近こんなトライを始めました。いつもは小腹がすくと、クッキーやチョコレートをつまんだり、おかきを食べたり。それを、さつまいもに変えてみることに！

きっかけは、最近送っていただいた本『新しい体を作る料理』（すみれ書房）を読んだこと。フレンチの料理人、たかせさと美《み》さんが、体調不良に悩まされ、食生活を改善した経験から、グルテンフリーと白砂糖フリーのレシピをまとめた一冊です。

私も、仕事から帰ってきたり、ご飯を食べたりしたあとに、どよ〜んと眠くなることや、だるくなることがあり。「歳をとって体力がなくなったなあ」と感じていたのですが、食生活を変えることで、この「だるさ」が軽減できるのであれば、やってみようと思ったのです。

本の中には、こんなふうに書かれていました。

「やる気は『心』の問題と思われるかもしれませんが、『体』の問題です。不調を抱えていると、頭と体が通じません。『頭ではわかっているのに、体が動かない』という状態になります。『やらなきゃいけないのに、できない』という状態は、怠けた心が原因ではなく、体ができる体になっていないということなのです」

私は、パンも食べるし、最中やお団子など和菓子も好きだし、料理に砂糖を使わない、ということもできないし……。全部はまねできないけれど、一部ならやってみてもいいかも。そう考えて変えてみたのが、小腹がすいたときのおやつだったというわけです。

最近のおやつはふかしいもです。ストウブの18センチの小さなオーバル鍋には、さつまいも1本がちょうど入ります。オーブンペーパーを敷いて、さつまいもを入れて、水を少し加えて、30分ほど蒸し煮に。できあがったら、皮をむき、輪切りにして、冷蔵庫に入れておきます。シルクスイートなどのさつまいもを蒸して冷やすと、つめた〜い、ねっとりとした、適度な甘さのデザートになっておいしい。お昼前や夕飯前に小腹が空いたときは、これをひとつパクリと口に入れます。

6月 4日

ちょっと違う でも、やってみる

つい先日お会いした人のお話が、ずっと心に残っています。

私は、飽き性のくせに、変化が苦手、という相反するものを併せ持つ妙な特性があります。ずっと同じことを淡々と続けるのが苦手……。でも、かといって、新しい環境に身を置いたり、新しいグループに属したりと、「ゼロ」から新しいことを始めると、「大丈夫かな?」「うまくいくかな?」と心配になり、気が重くなってしまいます。

その方は、「ずっと同じ」が苦手なのだそう。ずっと同じ状況が続き、「安定」が訪れると、自分でそれを壊して、まっさらな新しい場所へ行きたくなるのだとか。

「それって、不安になったりしませんか?」「ゼロからもう一度始めるって疲れません?」と聞いてみると、「なるけど、不安の中で感じることがおもしろいし、ゼロから始めるから、違う風景を見られるでしょう?」と彼女。

なるほど〜、おもしろいなあと思いました。彼女の「ゼロに戻って始まる世界の楽しみ方」を、私も味わってみたくなりました。

ここ最近、気になるワードが「違い」です。私は今まで、自分が気になるモノやコトだけ、つまり、自分が好きなことだけに、自分の注意を向けてきたように思います。そして、あまり好きではないことが目の前にきたら「これはちょっと違うし……」とスルーしてきました。

でも……。これを続けると、いつも同じような匂いの世界しか知ることができなくなります。すると、ハッと驚くような発見や、価値観がひっくり返るような驚きと遭遇しません。あまりにも私は、自分の「好き」のストライクゾーンを狭めすぎていたんじゃなかろうか？と思うようになりました。

今、『暮らしのおへそ』の取材のまっただ中ですが、「誰を取材する？」というとき、チームのみんなで話し合います。「この人はどうですか？」という提案の中には、私がまったく知らない人の名前もあります。そうしてまずはその人を知るために、本を読んだりして調べ始めます。すると、「めちゃくちゃおもしろい！」とびっくりすることがしょっちゅう。知らない世界を知るって、おもしろいなあと思います。

その入り口となるのが、「ちょっと違う」の中から選ぶということ。ちょっと違う映画を見てみたり、ちょっと違うライブに行ってみたり。それって、かなり面倒なことです。だって、行ってみないと、その先に素敵な世界が広がっているかどうかはわからないから。

自分の「好きな海」だけで泳ぐ方が、間違いないし、絶対に心地いい。「ああ、違った」と時間を無駄にしたような後悔を味わうこともありません。でも、その効率を求める進み方が、自分の頭や心を固くしちゃっているのかも?

目の前に2冊の本があって、

「こっちは、私が好きないつもの感じ」

「こっちは、知らないし、あんまり興味がない感じ」

なら、あえて「あんまり興味がない感じ」も、選んでみたい。「違う」ことの中には、まだ見ぬワクワクの種がぎっしり詰まっているはず。ちょっとずつ、その種を拾ってみようと思います。

6月 7日

バッグの中身をアップデート

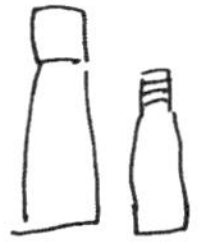

いよいよ虫除けスプレーとかゆみ止めが必要な季節になってきました。毎年書いている気がするけれど、私は、たくさん人が集まっていても最初に刺されるほど、蚊に好かれるタイプなのです……。

取材に行くときは、スタッフと、駅前だったり、住宅地だったり、いろんなところで待ち合わせをします。そのときがあぶない！ たった5分ぐらいですが、たちまち刺されてぷく〜っと赤く腫《は》れてきます。

そこで、外で立って待つときは、虫除けスプレーをシュシュ！

刺された後に掻くとその跡がなかなか消えないので、早めにかゆみ止めを塗ることも大事。そんなときも、備えがあれば安心です。

最近バッグの中に入れるようになったのが、マウスウォッシュと歯間ブラシ。歯磨きセットも持ち歩いているのですが、ゆっくり歯磨きしている時間がないときや、ちゃんとした洗面所がないときに便利。1回分ずつのマウスウォッシュはバッグの中で場所をとりません。そしてやっぱり手放せないのが、除菌スプレーとアルコールのウェットティッシュ。「サボンデシエスタ」さんの除菌スプレーは、とってもいい香りで、リフレッシュ効果もあります。

実は、もう一年のまんなかだというのに、今年の手帳を買い替えました。形や見た目はほぼ同じですが、中を開くと、古いほうはマンスリー、新しいほうはウィークリーになっています。なるべくバッグの中身を軽量化しようという流れで、手帳もコンパクトな「レッツ」を選んだのですが、マンスリーはあまりに小さすぎて、書きたいことが枠内に入り切らず……。せっかく買ったのだから使い続けようとずいぶん頑張ったのですが、半年経った今、「もうがまんできん！」と爆発。ちょっともったいないのですが、ウィークリーのものに買い替えたというわけです。

たかがバッグの中身ですが、快適にその日を過ごすために必要なものを自分で選び、使って試行錯誤し、違うなら手放し、新たに必要なものを加える。そんなアップデートは、自分自身を大切にすることでもあるなあと思います。

6月 11日

ノートを持ってカフェに行く日

「春は黄色から始まる」と、フラワースタイリストの平井かずみさんに教えてもらいました。その後、小手毬《こでまり》や木蓮など白い花が咲き、紫陽花などブルーの花が増え、そして、夏が近づいてくると、ピンクや赤などの鮮やかな色が増えていく。「色」という切り口で、ウォーキング途中の花を観察してみると、自然界の循環ってすごいなあと「宇宙のしくみ」みたいなものを感じてワクワクしてきます。

今年になってずっとやってみたくて、なかなか実行に移せなかったことに、先日やっとトライできました。それは「ノートを持って、カフェに行く」ことです。そんな簡単なこと？　ではあるのですが、この時間をとるのがなかなか難しい。仕事帰りは、「ああ、もう30分早かったら行けるんだけど、今日は早く帰ってご飯を作らなくちゃ」とパスしたり、休みの日は、着替えてメイクをして出掛けていくのが面倒だったり。

そもそも、どうして「ノートを持ってカフェに」と思ったのかとい

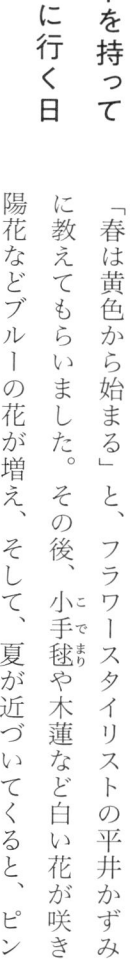

うと、日常を、ひとまわり大きな視点で点検し直したい、「いつも」の枠から一歩外に出て、「今」を俯瞰で見てみたい、と考えたから。

私は、一日の終わりにお風呂のフタの上にノートを広げて、その日にあったことや考えたことを書き出しているのですが、それは、「今日」にどっぷり浸って、今日起こったあれこれを、すくいあげたいからです。書かないと、ささやかな思いや気づきが、どんどん記憶の彼方に溶けていってしまうので。

でも、それとはちょっと違う視点で自宅を離れ、カフェや喫茶店などで、同じ毎日をもう少し長いスパンで確認し直したい。今年になって、何を考え、どんな経験をしたのか。これからどうなって、私はどんな未来を望んでいるのか。「今」と「前」と「後」を大きな目で見下ろして、今の立ち位置を確認し、そこから始まる「何か」を見つけてみたい、と思ったのでした。

本当は、ビルの上にあるカフェの窓辺で空を見上げながら……とか、素敵な喫茶店で、静かに音楽を聴きながら……とか妄想していたのですが、場所を選ぶと、どんどんチャンスをのがしてしまうので、いつもの自転車置き場の近くにあるスターバックスにチェックイン！

仕事帰りで、ちょっと小腹が空いたので、シナモンロールとコーヒーを頼んで、窓際のカウンター席で、やっとノートを広げました。

いや〜！　やっぱり、はかどったなあ。今回考えたのは、「これから」のこと。還暦で、一周まわってゼロに戻り、「私って、これからいったい何をしたいと思っているのかしら？」ということを、まっさらな状態で見つめてみたいと思っていたのでした。

ほんの30分ほどですが、これがこうなるでしょ、そしたら、こっちはこうでしょ、だったら、あっちはどうしよう？と書き進めていくと、あっという間に3ページが埋まりました。

ぐっと集中して「これから」を考えることで、そっか、だったら今これをしておかなくちゃ、ということもピックアップ。まだ1回目なので、これを2回、3回と積み重ねて、これから先のワクワクを育てていこうと思っています。

6月13日

「育つ」ことを待てる人に

「継続」ってすごいことだなあと最近よく感じます。三日坊主で飽き性の私でさえ、朝のウォーキングを続けることで体が整ったり、代謝が上がったり、テニスがちょっぴりうまくなったり。若い頃は、すぐに結果が出ないとイヤだったけれど、この年齢になってやっと「続けていれば、きっと変わるはず」と、「待てる」ようになってきたように思います。

今年、いつもは4月頃に庭に咲く山芍薬の花が、一輪も咲きませんでした。まあるい、ぷっくりとした、真っ白な花が咲くことを楽しみにしていたのに、「あれ？　そういえば、今年まだ咲いていないな」と気づいてから、「今年はどうやら咲かないらしい……」とわかってきて、残念でした。でも、また来年の春を楽しみに。そんな時間の流れを、ようやく楽しめるようになってきた気がします。

友だちと半年に一度ぐらい会って、いろんな話をして、あるときは、ずど～んと落ち込んで悩みを聞いてもらったり、逆に聞いてあげたり。

そんな中で、彼女の存在が、かけがえのない大切な人へと育っていきます。

しんどくても、面倒でも、夕方になればご飯を作って、食卓を囲む。そんな日々が、大切な日常の風景となって記憶に刻まれていきます。

世の中には、時間をかけないと育たないものがある……。そんな実感を積み重ねて、「あせらないでゆっくり待つ」という時間の魅力の一端を感じられるようになったかなあ。それは、歳をとったことによる、大きなご褒美だと思います。

6月29日

小さな力でエンジンがかけられるように

やっと取材が一段落。朝早く出かけることが続き、ここ数日掃除をサボっていたので、今日は朝から部屋中のお掃除を。

クイックルワイパーハンディのモフモフでホコリを払ったあと、掃除機をかけて、水をぎゅっと絞ったモップを持って廊下を走り、最後にマイクロファイバークロスで拭き掃除を。家中を水拭きすると、さっぱりして、風が通って気持ちいいこと！　ああ、やっぱり掃除って必要なのね〜と改めて思いました。

最近は、忙しかったら無理して掃除しなくていい、と割り切ってはいるのですが、問題は「しなく」なると、どんどん「ま、いいか」と「しなくなっていく」ってこと。かつて掃除がまったくできなかった私ができるようになったのは、取材先で聞いた「掃除は汚れていなくても、毎日します」という言葉からでした。

この言葉は本当に深くて、「毎日する」と、エンジンがアイドリングしているような状態で、朝になったら自然に雑巾を持つ、というモードになるのです。つまり、ゼロからエンジンをかけなくてもいいってこと。大きな石を転がすとき、最初はものすごく力が必要だけれど、転がり始めればラクチン！というのと似ています。

　そして、花を飾った台の上のホコリを払ったり、テレビ台の下のDVDデッキの上を拭いたり、と手を動かすうちに「あっ、ここにもホコリがたまってた」と、だんだんと汚れが「見えて」きて、そこがさっぱりときれいになると、自分の心までがクリアになった気がしてきます。たぶん掃除っていうのは、滞っているものを流したり、動いていなかった空気を動かしたり、巡っていなかったものを巡らせるためにやるんだろうなあ、と感じます。

　やりたいことをやるためには、「走り出せる自分」でいることが大事。そのためには、小さく動き続けること。もちろん、まっさらな気持ちになるために、立ち止まって休止する時間も大切だけれど、空気がよどんでしまわないように、巡りをよくして、風を通して。小さな力でエンジンがかけられるといいなあと思います。

6月30日

自分のまわりにいる「たった一人」を見つけること

いつも、ハンカチ代わりに手ぬぐいを持ち歩いています。久しぶりに、新しい手ぬぐいを買いました。1枚買うだけでも、なんだかワクワクします。

さて、大河ドラマにハマっているワタクシ。「西郷《せご》どん」もよかったけれど、「龍馬伝」も本当にすばらしかった！　見終わった今、なんだか放心状態に陥っております。

長年続いた幕藩体制を壊し、「新しいにっぽんのしくみをつくる」と駆け巡った龍馬……。その大きな視野と行動力にも、もちろん感動したのですが、私が全48話の中で、一番よかったなあとしみじみ感じたのは、蒼井優ちゃん演じる、芸者の「お元《もと》」との回でした。

長崎のナンバー1芸者のお元は、実は隠れキリシタンでした。そして、お金を稼ぐために、長崎奉行の密偵を務めてもいました。ある日、十字架が描かれているかんざしが見つかって、正体がバレてしまいます。町中、奉行たちがお元を探しまわり、絶体絶命……。そんな中、自身も命が狙われている龍馬が、お元を助けようと動き出します。

自分も見つからないように、町中を走りまわってお元を見つけ出し、イギリス公使にかけあって、イギリスに向かう船に乗せて逃すのです。

「これからお前は、堂々とマリア様を拝める国に行くじゃき」

砂浜で、お元を送り出す龍馬の言葉に号泣しました。

これから「にっぽん」という国を変えようと、幕府と戦おうとしている人が、いち芸者のために駆けずりまわる……。そこで龍馬自身が捕まってしまったら、大きな野望も台無しになってしまうのに。この「たった一人のために」という姿にノックアウトされてしまいました。

たった一人の芸者をこれほどまでに必死に助ける人だからこそ、龍馬はにっぽんを変えられた。ここで、お元は助けたいけれど、危険だし、自分にはもっと大きな仕事がある、と見て見ぬふりをする人だったら、にっぽんを変えることはできなかっただろうと思ったのです。

そのとき、私は、『暮らしのおへそ』vol.35で取材させていただいた、たった一人で「夏葉社《なつはしゃ》」という出版社を営む、島田潤一郎さんのことを思い出しました。

「夏葉社」で出版する本の初版は2500部。「1億2000万人に知られなくても、2500人に誠実であればいいと思う」と語っていらした島田さん。あのとき「なるほど！」と思ったけれど、今回龍馬伝を見て、「ああ、そういうことか……」と初めて腹落ちしたのでした。

1億2000万人に届く、という数字は結果です。大事なのは「2500人に誠実に向き合う自分になる」ということ。龍馬なら、「たった一人のお元を放っておけない自分になる」ということ。それが一人のためでも、1000人のためでも、1万人のためでも、「自分の在り方」はひとつです。

私たちはつい「結果としての数字」によって、「自分の力の出し方」を知らず知らずのうちに調整してしまうけれど、「いてもたってもいられない」という「自分の在り方」こそ、本物のその人の力そのものなのかもしれない。たった一人の胸にスッと入っていけるように。そんな「自分」になって書き続けていきたいと思います。

気持ちのおもむくままに

7〜9月

7月 4日

タンパク質生活はじめました

東京は今日も朝から雨。ウォーキングはお休みしました。私はいよいよ『暮らしのおへそ』の執筆時期に突入。これから1週間は、ほとんどどこにも出かけず家にこもって原稿を書きます。

そんな中、最近巷でも話題の「タンパク質」を少しでも多く取り入れようと、食生活に気をつけるようになりました。私は野菜や果物が大好きで、体にもきっといいだろうと、ずっと野菜中心の食生活を続けてきました。でも、人間ドックで「カリウム過多」の結果が出て、「もしかして、バランスが悪かったのかも」とやっと気づいたというわけ。

思い込みだけで、食べる、食べない、を決めることはどうやら危ないらしいとわかってきました。本当は、栄養学などをちゃんと学べばいいのですが、そこまではできていなくて、まずは野菜と肉や魚などのタンパク質をバランスよく食べることを心がけよう、と思った次第。

朝は、毎日お米から炊いているお粥に味付け卵をプラス。先日の取材で、めんつゆを少し薄めて漬けておくだけでOKの卵を教えてもらい、コレだ！と思ったのでした。

朝食のような昼食は、パンにスープが基本ですが、暑くなってきたら、スープを蒸し野菜に変えます。そこにも、豚バラ肉やささみをプラスすることに。夕飯は、今まで通り肉と魚を交互に。サラダにはツナをトッピング。さあ、これで体がどう変わるか、しばらく観察します。

7月 5日

小さな気分転換を

朝起きて、ウォーキングに行って、原稿を書いて、夕方気分転換にスーパーに行って、ご飯を作って、早めに寝る、という家に籠もる生活を続けています。

苦しいんだけれど、外からの刺激をシャットアウトして、ひたすら内に向く生活は、余計な雑念が入らず、これはこれでなかなかいいものだなと思います。ただ、ずっと書いてばかりだと飽きてくるので、適度に自分を気分転換させてあげることも必要。そういうときは、手の届く範囲で小さなことをやってみる、という時間を作ります。

朝のウォーキングもそのひとつ。インスタグラムのリールやYouTubeの動画を見ていて、ぽっこりおなかをひっこめるには腹筋を一生懸命するのではなく、「股関節が大事」ということがわかってきました。股関節が動かないと、お腹まわりの筋肉が硬くなって骨盤が後傾するから、お腹ぽっこりになるそう。

ウォーキングも股関節を意識して、太ももをちゃんと上げて、さらにちゃんと後ろに足を押して歩くようにと意識します。すると同じ距離を歩いているのに、めちゃくちゃ体を動かしている気がする。そして、大量の汗が吹き出します。帰ってからは動画を見ながら運動を。汗をたっぷりかいてシャワーを浴びて、拭き掃除をしたら、書斎に籠もります。

今の季節、わが家の庭では桔梗《ききょう》が花盛り。1輪摘んで、部屋に生けるとかわいい。花器を変えると、同じ花がまた別の表情を見せてくれます。「あら、あなた、かわい～じゃない！」と一人で喜んでおります。これも気分転換のひとつ。

先月、メイクレッスンに行った際に、自分の道具を持っていったら、「イチダさん、筆が硬くなってますね～。ちゃんと洗ってる？」と聞かれてガビ～ン！　洗ってない……。毎日バタバタして、見て見ぬふりをしてきたけれど、やっと原稿の合い間に、筆を洗いました。

こんなふうに、半径1メートルの範囲で、小さく気分転換する方法を、あれこれ考えるのも楽しいものです。

7月 8日

まずは「肯定」から入る

NHKの番組「プロフェッショナル 仕事の流儀」で建築家の馬場《ばば》正尊《まさたか》さんの回を見ました。リノベーションの先駆者として、「東京R不動産」のディレクターなども務める方です。その馬場さんが、教えている東北芸術工科大学で生徒さんと、仕事の現場でスタッフと、打ち合わせの場でクライアントと話をします。馬場さんは、どんな人と接するときにも「まずは、肯定から入る」と語っていらして、ガ〜ンと頭を殴られたような気持ちになりました。

そっか……。まずは肯定から。私は、それができていないんだな。

自分がしっかりしなくちゃ。ちゃんと意見を持たなくちゃ。やりたいことをやりたい、好きなことを好きって言わなくちゃ。そんな思いが強いあまり、誰かが意見を言っても「いや、そうじゃなくて、私はこう思う」とつい言ってしまったり、言葉にしなくても、胸の中でつぶやいてしまったりすることがあります。相手が夫の場合も、「そうじゃなくて、○○なんじゃない？」と否定してばかり……。

馬場さんは、「建築」ではなく「風景」を作っている、とも語っていらっしゃいました。建物を作ったら、完成したそのあとに、そこに集う人によって風景が生まれてくると。

今日の朝届いた、勝間和代さんのサポートメールのテーマは「思いやりは人生を助ける」でした。「思いやりというのは何をするかというと、自分の拡張なのです」という言葉に納得！「自分の範囲を自分以外の人までどんどん拡張すればするほど自分が広がりますし、自分ができることも増えますし、とてつもなく自分の能力が上がっていくのです」と。

自分の正しさ、自分の意見、自分の在り方に固執するのではなく、誰かの言葉を丸ごと受け止めて、自分と相手の境界線をぼやかしてみたら、相手の喜びまで自分のものになって、ハッピー度がぐんとアップするのかも。まずは耳をすませて、人の言葉を「へ〜！」と聞くことから始めようと思います。

7月 16日

アイスクリームに心のエンジンをかけてもらう

先日、吉岡秀治さんと知子さんの料理ユニット、オカズデザインさんの器と料理の店「カモシカ」に行ってきました。札幌での「おへそ展」に出店いただいてから、オカズさんと一緒に出店くださった永福《えいふく》食堂さんへご飯を食べに行ったりと、お会いする機会が増えています。

この永福食堂さんがもう！ 本当においしいのです。前菜の盛り合わせから、最後のパスタまで。私は、そのあと夫と友人と連れ立ってもう一度行っちゃいました。

さて、カモシカでは、「木漆工《もくしっこう》とけし」さんの展示会を開催中。とけしさんの器を使ってオカズデザインさんの料理がいただけるというもの。私は飛び込みで行ったので、料理やお菓子をいただくのは無理だろうなあと思っていたのですが、ちょうどお客様が途切れた隙間時間だったらしく、一席だけ空いていて、お茶をいただくことに。そこでいただいたのが、メロンとアイスクリームのデザートでした。

これがもう！ 感動のおいしさだったのです。メロンのシャーベットと一緒に盛りつけられていたのは、シナモンのアイスクリーム。大人の味で、鼻にす〜っとシナモンが抜けて。あいだには、メロンのマリネがごろごろと入っていて、さらに一番下には、ピスタチオのパンナコッタが。食べていく過程で、いろんな味に出会う。そんな贅沢な一品でした。

食べ終わると「はあ〜」と思わずため息が出ました。雨が降って湿気が多くて、ここにたどり着くまではどんよりしていたのですが、心のエンジンがブルルンとかかった気がしました。丹精込めて作られたものって、人の体と心を目覚めさせる力があるのですね。

7月 18日

時間をかけないと見えない世界がある

最近、改めて小説をよく読むようになりました。そして、やっぱり小説っていいなあと思っています。

仕事柄、インタビューをする方のエッセイを読んだりと、ノンフィクション系の本を読む機会が多く、さらに、ビジネス系の本やハウツー本など、読んですぐに仕事や暮らしに役立つ本を読むことが増えていました。このジャンルはジャンルで、事実の中に見え隠れする人間の本質のようなものを知ることができて大好きです。対して、小説は物語です。だから、そこにノウハウやすぐに役立つ情報はない。ノンフィクションばかり読み慣れていると、この小説の物語性の中へ自分が入っていく、という切り替えに時間がかかるようになります。でも、夜寝る前に毎日ページをそっと繰っているうちに、だんだんとその「勘」を思い出し、本を広げるとすぐに「そっち」の世界にワープできるようになってくる……。目の見えない小さな女の子の物語や、お寺のクスノキの番人をすることになった少年や、アルバイトで働いても働いても生活が豊かにならない女性の話。私は、ただストーリーを追うだけでなく、その主人公が住んでいる家や、いつも散歩している道や、コーヒーの匂いや、おいしそうなパイののったお皿など、そのまわりに繰り広げられる世界を自分の頭の中で立ち上げていく作業が大好きです。幼い頃からずっと『四人の姉妹』のジョーやベスたちが過ごした部屋や、『赤毛のアン』のマリラのキッチンを頭の中で立ち上げながら、楽しんできました。

一冊の小説を読むには時間がかかります。でも、時間をかけないと見えない世界がある。そこがいいんだなあと思うようになりました。

咲き終わったらしばらくのあいだ忘れていて、一年後に「あら！」と再会する花や、毎日作り慣れて、やっと自分のものになっていく料理や、何度も会ううちに沈黙も共有できるようになっていく友人や……。時間をかけないと見えなかったり、感じられないものって、すぐに目の前に現れるわけではないから、少しずつ自分の心の中に積み重ね、そこから「想像力」という力でふくらませていきます。そのプロセスは、かけがえのない時間だと思います。

7月27日

夏の日の晩ご飯

書かなくてはいけない原稿がてんこ盛りで、自宅で原稿を書き、ご飯を作り、気分転換にちょっと大河ドラマを見る、という淡々とした日々を続けています。そんな中では、夕飯を作ることが気分転換。でも、あまりに暑くてキッチンに長く立つ気になれず、いつもより少し作る量を減らしています。

ほんの少しのことなのに、量が少ないだけでずいぶんラクチン。昨日は、ピーマンの肉詰め、ルッコラと水菜のサラダにボイルしたイカをのせたもの、トマトといんげんのサラダ、切っただけの胡麻豆腐でした。ちゃんと作ったのはピーマンの肉詰めだけ。あとは、野菜を切って、いんげんとイカを茹でただけです。

最近、サラダに魚介類をのっけることにはまっています。以前は野菜だけだったのですが、先日料理家さんの取材で、イカをのせたサラダをいただき、それだけで、めちゃご馳走感が出ることにびっくり。イカをさばくのは面倒なので、輪切りにした生のイカが安売りしているときだけ買ってきて作ります。

ドレッシングは、いつもの、オイル大さじ2、酢大さじ1、醤油大さじ1、砂糖大さじ1で作ったもの。少ない量だと、二人ですべてのおかずをぺろりと平らげられるので気持ちいい。

つい多めに作って明日の一品にしよう……と思ってしまうのですが、時間が経った方がおいしい煮物を作る機会が夏はぐっと減るので、食べ切りスタイルになりました。

最近作っておいしかったのは、さわらの蒸し物。さわらを蒸し器で6分ほど蒸し、途中でもやしをのせてさらに3分。

これとは別に、わけぎをフライパンで炒め、黒酢、醤油、酒を加えて、さわら+もやしの上からかけます。これが、さっぱりしておいしい。もやしとわけぎがどっさりのるので、食べ応えも十分です。

副菜は、豚肉とエリンギの炒め物。エリンギって、とてもいい味が出るので、ただ豚肉と一緒に炒めて、酒と醤油で味つけし、青ねぎをパラリとふるだけで、「これ、何で味つけしたん?　めちゃおいしい!」と夫に聞かれるような、深い味わいになりました。

さわらの蒸し物

材料……さわら2尾、もやし1袋、わけぎ1束、黒酢、醤油、酒各大さじ2

作り方…さわらに塩、こしょう（材料外）をふり、蒸気の上がった蒸し器に入れて6分間蒸す。6分経ったらさわらの上にもやしをのせて、さらに3分間蒸す。わけぎは5㎝ほどの長さに切り、フライパンにサラダ油（材料外）を熱したところに入れて炒め、調味料を加える。蒸し上がったさわらともやしを皿に盛り、わけぎと汁をかける。

7月28日

イジイジするより動いた方が早い!

この暑さなので、最近は夕方テニスに行くようになりました。ちょっと太陽が傾きかけた頃から1時間。まだ暑いんだけれど、ちょっとはマシです。ただ、問題なのが夕ご飯の準備です。終わるのが6時。帰ったら7時。そこから作り始めると遅くなってしまうので、出かける前に準備をするようになりました。

先日用意しておいたのは、この3つ。

・麻婆のもと
・ズッキーニとナスのマリネ
・サラダ用にイカを茹でておく

麻婆のもとは、作っておくと本当に便利で、豆腐を入れたら麻婆豆腐、なすを入れたら麻婆なす、春雨を入れたら麻婆春雨になります。

ひき肉を炒めて、玉ねぎかねぎのみじん切り、しょうが、にんにくのみじん切りを加えて炒め、豆板醬小さじ1を加えてちょっと火を通したら、鶏がらスープ1カップ、砂糖、酒各大さじ1、醬油大さじ2を加えて少し煮込み、最後に水溶き片栗粉でとろみをつけて、ごま油

をまわしかければできあがりです。

ズッキーニとなすは輪切りにして、フライパンにオリーブオイルとにんにくを入れて熱して香りを出したところに入れ、両面をこんがり焼いたら、砂糖、酢をジャジャッと加えて少し煮詰めて完成。ボイルしたイカは、水菜やルッコラなどの上にのせてサラダにします。

テニスから帰ったら、シャワーを浴びて、15分でご飯にできます。この日は、にらも加えて麻婆春雨にしました。

仕事で遅くなった日は、「あ～、今日は外食にしちゃおうかなあ」と思うけれど、凝ったものさえ作らなければ、意外にチャチャッとできちゃうもの。いちばん手っ取り早いのは、ちょっと奮発してステーキ。焼いて、冷蔵庫の残り野菜と一緒に盛りつけるだけです。

出かける前の30分ぐらいで、「えっと、麻婆とマリネと……」と考えて用意し、野田《のだ》琺瑯《ほうろう》の容器にピシッと準備が整うと、「お～、やるじゃんアタシ！」とちょっとうれしくなります。あ～あ、今日もご飯作らなくちゃ……と思うと面倒くさくて嫌になるけれど、「この時間を確保したいから、これとあれを先にやって」と段取りをすれば、満足感がアップして前向きなエンジンがかかります。

麻婆春雨

材料……豚ひき肉100g、ねぎ½本、にんにく、しょうが各1片、豆板醤小さじ1、鶏がらスープ1カップ、醤油、酒各大さじ2、砂糖大さじ1、春雨2束、にら1束、片栗粉適宜

作り方…フライパンを熱してひき肉を炒め、色が変わったら、みじん切りにした玉ねぎ、にんにく、しょうがを加えて炒める。豆板醤を加えてさらに炒め、香りを出す。鶏がらスープと調味料を加えて煮込む。春雨を茹でて食べやすい大きさにカットし、ひき肉のフライパンに加える。片栗粉を同量の水で溶き、ひき肉のフライパンに加えてとろみをつける。にらを3㎝ほどの長さに切って加え、さっと煮たら完成。

7月31日

車でお出かけ日常の一歩外に出てみたら

先日車で、静岡まで打ち合わせに行ってきました。2時間半で着く予定だったけれど、夏休みで混んでいるかもしれないからと、3時間半前に出発。早朝なのに、都内はもう混み始めていました。普段、仕事に出かけるときはほとんど電車なので、車で走ると、「いつも」とはまったく違う視点になります。

このところ家に籠もって原稿を書く日が続いていたので、久しぶりに車で街を走ると、そうだった！　世の中には、こんな風景もあるんだった！ということを思い出し、閉じた自分がパッカンと音を立てて割れるような爽快な気分でした。

環七を通って東名高速へ。横浜から海老名までが思った以上に渋滞していて、途中でコーヒーでも飲む予定だったのに、まったく休まず3時間半、ぎりぎりで目的地に着きました。

帰りは、お腹が空いたので、サービスエリアのスターバックスへ。仕事ではあるけれど、プチトリップ気分で気持ちよかったなあ。今いる場所を離れるってすばらしい時間だなあと改めて思いました。

出張で新幹線に乗って、東京駅を出発し、車窓から都内の街並みを眺めるとき。

吉祥寺駅からリムジンバスに乗って羽田空港へ向かう途中、ちょっと高いバスの座席から井の頭通りを眺めるとき。井の頭線の窓から、井の頭公園や、浜田山界隈の公園や住宅街を眺めるとき。

「流れる風景」って、自分自身の中に、いろんな変化を起こしてくれます。ずっと止まっているときには見えていなかった「自分の姿」が見えてくるような……。電車に揺られながら、その電車に乗っている自分を、空の上から眺めているようなイメージです。

すると、それまでは「今日」と「明日」のことしか考えられなかったのに、「そういえば、私のサイトの『外《そと》の音《ね》、内《うち》の香《か》』の中に、ずっと更新していないコンテンツがあったよな」とか「そういえば、あの人にしばらく連絡していなかったよな」とか、ひとまわり長いスパンで、自分の身のまわりを見つめ、気づくことがあります。

あ〜、あれもやらなくちゃいけないし、これもできていないし……と煮詰まったときほど、一旦「そこ」から離れて、電車やバスや車に乗って、ちょっと出かけてみることは、なかなか有効かもしれません。

8月12日

「休み」と「休息」は違うのだ

お盆休み＆祝日の本日。出版業界はあまりお盆は関係ないので、普段通りの仕事の日々です。それでも、まわりではみんな夏休みをとっていて、いいなあ、どっか行きたいなあと思いながらも、わが家はフリーランス同士なので、夫と休みがなかなか一致せず、ミニトリップは秋になってからだね〜と話しておりました。

が！　たまたま昨日だけお休みが一致したので、「行く？」「日帰りで？」と、弾丸で八ヶ岳まで遊びに行ってきました。とは言っても、お盆中だから渋滞必至。ということで、出発は朝5時！

ちょっと途中混んだけれど、比較的スムーズに進みました。

いや〜、涼しかったなあ。八ヶ岳のサービスエリアで車を降りただけで、「わあ、涼し！」とびっくり。展望台まで行ってみたり、爽やかな並木道を走ったり、別荘の物件をちらりと見たり。行き当たりばったりなので、どこでお昼ご飯を食べるかも決めておらず、でも、きっと混むだろうから……と早めの11時に、たまたま見つけたお店に入りました。

テラス席が空いていたので、迷わずそこへ。玄米定食があったのでオーダーしてみました。高野豆腐とコーンのかき揚げ、おいしかったなあ。風がすーっと抜けて気持ちよく、「風がいちばんのご馳走だね！これ名言じゃない？」と自画自賛すると、夫に鼻で笑われました。

帰りはお決まりのコース、道の駅へ。野菜と桃やぶどうなどを買い込んで、12時には帰路につきました。家に着いたのは15時ぐらい。そこから、お昼寝をちょっとして、買ってきた野菜で夕飯作りを。

若い頃は、どこかに出かけたら、目一杯遊んで、夜遅くにへとへとで帰ってきていたけれど、最近はこれぐらいがちょうどよくなりました。夏休みなど混む時期は、「先手必勝！」がおすすめ。早く出発して、早く切り上げると、そんなに疲れることもありません。

休みと休息は違うんだよなあと感じます。これまでは、休みなら遊ぼうと思っていたけれど、遊びに出かけると疲れるし、やらなくてはいけないことが、その前後にギュギュッと固まってバタバタしてしまいます。だから、楽しいけれど、疲れる……。本当に体と心を休ませたいなら、家でゆっくり「休息」するのがいちばんなのかも。でも、家にいると、つい仕事をしたり、掃除や片づけ、料理で休まらない……。だとすれば、余裕をもって、ゆっくり出かけるのがいいのかな。

自分を「休ませる」って、なかなか難しいことだなあと思います。

8月14日

整理整頓は自分がよければそれでいい

台風の影響か、蒸し暑さマックスな日々が続いています。週末は、嵐が来る前に、日帰り出張に。お盆休みで空港も大賑わい。いつもより1時間早く家を出ました。

出張でつらいのは、撮影時間が伸びることを考えて、帰りの便を遅めで予約するので、スムーズに取材が終わった場合、時間が大量に余ること。元気なときは、ここぞとばかりにその時間であっちこっちのお店を巡ったりするのですが、こう暑いと、そんな元気もありません。早々と空港に着き、4時間ほど時間をつぶしました。なのに、空港が混み合っているせいか、出発が1時間遅れ！　11時過ぎにやっと家に帰ってきました。

そして、日曜日は一日お休みだったので、エイッと納戸の整理に取りかかりました。実は、年末年始にやろうと思っていたのにできなくて、ゴールデンウィークこそやるぞ！と宣言したのに、結局やらなくて……。お盆休みこそ！と思っていたのです。

もともと納戸の中は、さまざまなものをカテゴリごとに分けて10

0円ショップのケースに入れてしまっていたのに、夫が「これじゃあ、場所をとりすぎる！」と、勝手にあれとこれとを一緒にしてコンパクトに。ぎゅっと省スペースにはなったものの、全部がごっちゃになって、どこに何が入っているかが、わからなくなっておりました。

「も〜、かえってわけわからなくなったやん！」と文句が言いたいのをぐっと抑え、いつか整理し直すぞ！と思い続けてきたのでした。

やっと自分の思い通りにアイテムごとにまとめ直すことに。まずは全部出して、使う目的ごとに分類。ケースに入れ直して、しまいます。押し入れの奥と手前に分けて、どこに何が入っているかがわかるよう、マスキングテープに書いて、棚板に貼りました。

は〜、すっきりした！　見た目がキリッと整然とピシッと！というわけではないけれど、自分なりのルールにもとづいてしまわれているので大満足です。

かつての私なら、整理するときは、雑誌に載っているようにかっこよくピシッと並んでいないと気が済みませんでした。でも今は、「自分が使いやすければそれでいい」と思えるように。

出し入れしやすくて、使いたいものがすぐに見つけられる。それで十分。やっと、誰も見ていないのに誰かの目を気にしちゃう癖から脱却できたかなあ。

お風呂掃除をいつするか問題

お風呂の掃除をいつするか問題について、インスタグラムで質問したところ、たくさんのお掃除方法のコメントをいただいてびっくり。

・お風呂から上がるときに、浴槽のお湯の高さあたりをスポンジでこする。
・曜日を決めて、湯船、床、壁と分けて掃除する。
・毎晩拭いて、浴室のドアはいつも開けておく。

などなど。で！　わが家の「いつするか問題」が解決しました。とにかく「わざわざ」するのは面倒に感じるので、「ついで」にできることが大事。夜は、夫が最後にお風呂に入るので、私が朝、ウォーキングとストレッチのあと、シャワーを浴びる前にやることに。でも、朝は時間がないのです。

ウォーキング↓ストレッチ↓お風呂掃除↓シャワー↓部屋中の拭き掃除

ここまで済ませて、できれば6時45分には書斎に入って仕事を始めたい。つまり、お風呂掃除はチャチャッと済ませたい。そこで取り入れたのが、「激落ちくん　お風呂まるごとバスクリーナー」です。

実は、こういうモップタイプがあることは知っておりました。でも、使ったあと「どこにしまうか問題」があって、二の足を踏んでいたのです。洗面台の下などにしまい込むと、カラッと乾かなくて不衛生だし、かといって、お風呂の中にこれが吊るしてある、という姿もイヤだった。けれど今は、とにかくちゃんと掃除ができることがいちばん！　その優先順位を決めたら「お風呂の中にあったらヤダ！」というこだわりも手放すことができました。

このモップにしようと思ったのは、「お風呂掃除いつやるか問題」解決法をネットで調べていた際、「茂木流掃除講座」というYouTubeを見たことがきっかけでした。この中で、このモップが紹介されていたのです。台所用洗剤とクエン酸を使っての掃除方法だったのですが、私はモップだけを採用。使ってみると、なんてラクチンなんだ！　かがまなくても、いろんなところにすぐ手が届きます。ブラシやスポンジで掃除をするとき、いちばん面倒なのが浴槽の側面ですが、このモップなら、すす〜っとなでるだけで洗えちゃいます。

でも、いちばんラクだと思った理由は、実は柄が長い、ということではなく、モップ部分の泡立ちのよさでした。少しの洗剤でも、このモップを使うと、もこもこ泡が立って、泡で包むようにあちこちを洗えるのです。毎日掃除するなら、ゴシゴシ洗わなくても、なでるだけでOK。そう思ったら、掃除をするのが億劫《おっくう》ではなくなりました。なでるように洗ってシャワーを流し、5分で終了です。

泡立ちのよさと、スイスイ進む掃除が楽しくて、今のところ毎日続いています。そして、モップを使い終わったら、バスルームに以前から渡してある突っ張り棒（お風呂のフタをかけて乾かしたり、雨の日に洗濯ものを乾かすためのの）に吊るしています。

8月26日

ストウブでチキンステーキを

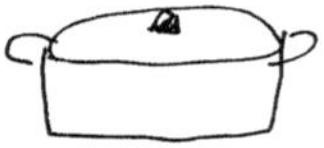

夫の帰りが連日遅くて、このところ夜ご飯を作る必要がありません。自分一人だと、パスタにしたり、そうめんだったり、冷凍しているドライカレーにしたり。冷蔵庫の残り物でやりくりしていたけれど、さすがにそれも底をつき、昨日は久しぶりに食材の買い物へ。思い立って、いつものスーパーではなく、ちょっと足を伸ばして「地産マルシェ」へ行ってきました。

ここは群馬や埼玉などの産地から直接届く野菜が並び、とっても安くて、「プチ道の駅」みたいなお店です。いろんな形のナスや、ズッキーニ、黄色いミニトマトなど、たくさん野菜を仕入れてきました。時間に余裕があるときに、あれこれ野菜を見ながら買い物するのって楽しいんですよね。しかも「お〜、やすっ！」と得した気分になると、なおさらハッピー！

そこで見つけたのが、いちじく。実は、毎年2月頃に1年分の文旦《ぶんたん》ジャムを作るのですが、今年は、それが早々になくなり、ジャムを煮なくちゃ！と思っておりました。今、旬の果物はなんだっけ？と、「地産マルシェ」に行った目的はそれだったというわけです。
いちじくの旬は2回あって、8月〜11月が秋果専用種で、夏果専用種より甘味が強いそう。さっそく買って帰ってジャム作りを。むく必要も切る必要もなく、裂くだけでいいので、超簡単。いちじくの総重量の70%の砂糖を入れ、少しレモンも加えました。いちじくって、火を入れると別物のおいしさになりますね。

そして、晩ご飯はさすがに、ずっと麺類だけじゃなあと思い、チキンを焼くことに。

最近、ワタクシ、チキンの焼き方をマスターしたのです。ずっとチキンをカリッと焼けないなあと思っていました。フライパンに皮目から入れてぐっと押し付けて、フタをしないで、弱火で時間をかけて焼く……そんなやり方でやっていたのですが、確かにカリッとなるのだけれど、火が入りすぎる気が……。中はふわっと、外はカリッと焼くにはどうしたらいいのだろう?と、あれこれ検索してみました。そして見つけたのが、ストウブの鍋で焼くという方法。

煙が出るほど鍋を熱してから、鶏もも肉を半分に切って入れ、フタをして中火で6分。表裏を返して3分焼きます。フタをすると、皮がパリッとならないのでは？と思っていたのだけれど、大丈夫！ 中はふわっと仕上がって外はカリカリ。肉汁がジュワ〜！ 同じ鍋に丸なすなどを入れて焼くと、とろとろになって、これまたおいしいのです。何度やっても失敗せずに仕上がって、完全マスターいたしました（笑）。あれこれ手をかけずにおいしいものができるとうれしいですね。

9月 5日

久しぶりにアップリケ

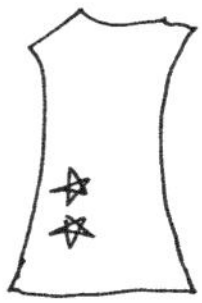

自宅で着ている「無印良品」のワンピースに、赤いインクをつけてしまいました。プリンタのインクを交換するときに、うっかり。洗っても、とれません。「ま、部屋着だしいいか」としばらくそのまま着ていたのですが、たまにそのままスーパーに買い物に出かけるので、やっぱり気になります。

そこで思いついたのが、アップリケで隠す、という方法。Amazonで、なるべくファンシーではないアップリケを探しに探し、これならいいか、と選んだのが、グレーの星形でした。サイズもぴったり。

アイロンでアップリケ。なんだか懐かしいです。小学生の頃、布バッグにつけたりしたなあと思い出しました。

さっそくアイロンでインクのシミの上にジュ〜ッとつけてみたところ、これが大成功。ワンピースのグレーのストライプにグレーの星はぴったりで、これなら外に出ても大丈夫そうです。

私は大雑把人間なので、こういう細かいことをしたのは久しぶり。いつも「ま、いいか」と放りっぱなしにしたり、挙げ句の果てには、新しいものに買い替えたり。でも、こうやってちょっと手間をかけると、なんだかうれしい。朝起きて、パジャマからこのワンピースに着替えるたびに、星を眺めてニマニマしております。

以前、島田順子さんがインタビューで「『私はもうこれができるから』と、自分にピリオドを打ってはいけない」と語っておられました。デザイナーとしてまだまだ「できないこと」があって、それを「できること」にひっくり返すことをあきらめない、という意味でおっしゃっていたのだと思うけれど、自分の生活の中からお楽しみを見つけることにもピリオドを打たないってことでもあるよなあと思います。

Amazonで星のアップリケを買うだけで、なんだか楽しい。こんな小さなお楽しみなら、もっと歳をとっても、ずっと見つけられるかも。

少し生活が落ち着いて、時間と心の余裕が出てくるからこそ、小さなことに向き合って、「お〜！　おもしろいじゃん！」って言えるようになるんじゃないかな。こんなささやかなガッツポーズを楽しみたいと思います。

9月 6日

大人の会話のスキルはすばらしい！

建築家の熊谷将信《くまがいまさのぶ》さん、田口君江《たぐちきみえ》さんが「草庵《そうあん》」オープンデイを開催しているので、朝から行ってきました。「草庵」は、熊谷さんが20年ほど前に設計された集合住宅。その中の一室がお二人の住まいになっていて、時々「オープンデイ」として開放されているのです。

集まったみなさんは、「はじめまして」の方ばかりですが、「草庵」の穏やかな空気の中でおしゃべりしているうちにすぐにリラックス。「靴下、脱いでもいいですか？」とみんなで裸足になって、無垢の木の床の感触を味わっていらっしゃいました。そして、みなさん会話がとても上手！

何人かで集まったとき、うまく会話をまわすって、大人じゃないとできないと思うのです。知らない相手と話すのですから、相手がどんな人なのか、わかりません。かといって、どんどん相手の心に踏み込んで、語りたくないことまで聞き出そうとするのは失礼です。その塩梅って、すごく難しい。

さらに、他人の話を聞くだけでなく、きちんと、自分の話ができる、というのも大事なこと。ある程度、自己開示をしないと、いつまでたっても上辺だけの浅い話になってしまい、会話が深まりません。

今回集まったみなさんは、ここがすごく上手で、住まいの話から家具選びの話、仕事や子育ての話など、少しずつ相手の心の扉をノックして、自分を開いて、互いの心のちょっと奥にあるものを差し出しあって。なんだか、じんわり心が温かくなりました。

おやつは、なんと、熊谷さんの手作り。おいしいものを食べながら、初めての人と話をするってこんなに楽しいんだと思いました。

私は、「初めて」が本当に苦手なのですが、どの人ともおしゃべりを楽しめている自分にびっくり。これもきっと「草庵」に、いい風が吹いているからだと思います。

自分とまったく違う環境で暮らし、違う世界で仕事をしている人たちに触れると、自分のことを俯瞰で見るきっかけになります。

私が今できることってなんだっけ？

松永K三蔵《まつながけーさんぞう》さんの『バリ山行《さんこう》』（講談社）という本を読みました。久しぶりに、心がひたひたと満たされる一冊でした。

松永K三蔵さんは、会社員をしながら、会社に行く前に朝2時間小説を書く、ということをずっと続けてきた方。2冊目のこの本で芥川賞を受賞されました。兵庫県西宮市出身で同郷。実は、この本に出会うまでまったく存じ上げませんでした。山岳小説で、芦屋川、天狗岩など、懐かしい地名がいっぱい出てくるところも、読んでみようと思ったきっかけです。

主人公の波多《はた》は、転職したばかり。会社の山ガールに誘われて、登山を始めます。古くなった建物の改修や、外装の修理を専門とする会社では、小口の取引先を切り、大手のゼネコンの下請けだけに絞って、経営を安定化しようとしていました。ところが……。そのゼネコンが傾いて、一気に業績が悪化。リストラのうわさが吹き荒れます。そんな中、波多が出会ったのが、ひとつひとつの小口の取引先を大事にし、営業なのに現場で一緒に作業をし、自分で修理もしてしまうという妻《め》鹿《が》でした。その妻鹿が週末になるたび、一人で六甲山へ登っていたのです。しかも「バリ」で。タイトルにもなっている「バリ山行」とは、「バリエーションルート」という意味。普通の登山道ではなく、あれこれ自分で探してルートを作り、山に登ることだそう。

波多は、妻鹿に頼み、この「バリ」に同行させてもらいます。藪を進み、崖を登り……。その道中の描写のリアルなこと！　そして、快適な登山道とはまったく違う「バリ」に必死でついていく中で、交わされる二人の会話がめちゃくちゃ心に響くのです。

会社が危ないかもしれない。リストラされるかもしれない。そんな不安を抱える波多。そんなこと、まったく気にしていないように見える妻鹿。「先が見えない」という状況は、山でも、下界の「街」でも同じ。そこに流れる「本当のこと」が綴られていく。そんな物語にぐいぐい引き込まれます。

そんな中で妻鹿の言葉が刺さります。

「会社がどうなるかとかさ、そういう恐怖とか不安ってさ、自分で作り出してるもんだよ。（中略）イメージっていうか、不安感の、感でさ、それは本物じゃないんだよ。まぼろしだよ。だからね、だからやるしかないんだよ、実際に」

今、できることってなんだっけ？と自分の足元を見つめ直したくなる一冊でした。

9月 17日

コンポートを作るのをやめてみた

カメラマン岡田久仁子さんから立派な二十世紀梨を送っていただきました。兵庫県香住の名産品です。私は、甘い梨よりさっぱりしてシャリシャリした歯ごたえの二十世紀が大好きです。

果物といえば、最近わが家で変化した「おへそ」があります。それは、必ず作っていたコンポートを作らなくなったこと。桃の時期が終わったら、次は洋梨。豆乳グルトのお供にするために、ずっと果物を白ワインで煮て、コンポートを作り、冷蔵庫に絶やさないようにする、というのが私の習慣でした。それをやめました。

きっかけは、福島県の空カフェさんから、大量のブルーベリーを送っていただいたこと。一度に食べきれなかったので、冷凍して豆乳グルトをかけて少しずついただいておりました。その間、コンポート作りをちょっとお休み。すると、とてもラクだったのです。

ブルーベリーがなくなってからも、冷凍のベリーミックスを買うようになりました。２袋分をジップロックに入れて冷凍庫へ。毎日少しずつ大きめのグラスに入れて、豆乳グルトをかけていただきます。

今まで、桃や梨を6個ぐらい、安売りのお店で買って、重たいものを家まで持ち帰り、ぜんぶむいてカットし、白ワインに氷砂糖を入れて煮て。なくなる頃になると「そろそろ桃を買いに行かなくちゃ！」と普段の晩ご飯の買い物とは別ルートで買いに行き……。こうやって作ったコンポートは、とってもおいしいのだけれど、やめてみて、その時間と手間とお金がかからなくなると、気楽になったのでした。もしかしたら、また「作ってみようかな」という時期がくるかもしれないけれど。

以前『大人になってやめたこと』（扶桑社）という本を出したけれど、当たり前に続けてきたことをやめてみると、「絶対にやらなくちゃ」という思い込みが、「絶対」じゃなかったということに気づきます。これは、暮らしの中はもちろん、仕事の中でもきっとそうなんだろうな。この仕事のためには、これとあれとそれが必要。こういう段取りをしておくことが大事。そう思い込んでいる段取りをちょっと間引いてみるのもアリかもしれません。

たぶん必要なのは、自分を「正しい」と思い込まないこと。世の中には、いろんな「正しさ」がある。そう知っておくと、もう少し世界をやわらかな目で見ることができて、自分をラクにしてあげられるのかもしれません。

9月23日

ラクすることと楽しむことはどう違う？

この頃、「ラクをする」ということと、「楽しむ」ということはどう違うのだろう？と考えています。

歳をとって体力がなくなり、どんどん「やめること」が増えてきました。少しでも自分がラクになるように。無理をしないように。ご機嫌で過ごせるように。

でも、今いちばん大切なことはなんだろう？と考えたとき、かつては、「仕事で認められること」だったけれど、今は、「夫と『おいしいねえ』と自宅でご飯を食べること」だと思うようになりました。だったら、その「おいしい時間」を作るために、多少の手間を費やしたいなあと思うのです。

忙しくて、帰りが遅くなると、ご飯を作るのが面倒になります。お弁当を買って帰るとラクなことはわかっているんだけれど、やっぱり、焼きたて、炒めたて、茹でたての、あたたかいものを食べたい、と自分を励まして、簡単なものを作ります。そうすると、「作ってよかったなあ」と体まで元気になれる気がします。

昨日のわが家の晩ご飯は、久しぶりの揚げ物＝アジフライでした。タルタルソースを作るのは面倒だから、ソースでいいか……と思ったけれど、「この、家で食べる時間が大事だったんだ」と思い出し、卵を茹でてらっきょうを刻んで、お手軽タルタルを作りました。揚げたてフライにのせて食べると、うんま〜い！

掃除も面倒だけれど、さっぱりと雑巾で拭き上げた部屋は清々しいし、お風呂掃除をしてピカピカにすると、お湯を張って「はあ〜」と浸かるときの心持ちが変わってきます。

とってもマメな知人が、キャンプに行くときにあれこれ準備を整える様子を見ると、すごいなあ、私にはできないなあと思うけれど、もしかしたら、その人は手間暇かけること自体を楽しんでいるんじゃないかなあ。

先日コンポートを作ることをやめて、冷凍のベリーを買うようになった、と書きました。今の私は、この「やめること」と「手をかけること」のバランスを計算中のような気がしています。もしかして、いろんなことをやめて、一日に「やらなければならない」ことの数を減らすからこそ余裕が生まれ、「手間」を「楽しい」と感じる心のゆとりができるのかもしれません。だとすれば、「やめること」と「手をかけて楽しむこと」はワンセットなのかも！　そして、「手間」の向こう側に、どんな時間が待っているかをたくさん知っておくことも、自分にエンジンをかけるコツなのだろうなと思います。

9月 26日

夏じまいと爪のケア

やっと「夏じまい」（わたしの造語です）の季節。今週末からまた暑くなるそうだけれど、そろそろ長袖のシャツやカーディガンを出して、ノースリーブなどはしまわなくちゃ。もうサンダルも履かないので、足のパワーポリッシュをとってもらいにネイルサロンに行ってきました。ついでに、かかとや足裏のケア、フットマッサージもしてもらって至福の時間。ツルツルの生足《なまあし》になって帰ってきました。

歳を重ねて、生活をひとまわり小さくすることを考え始めたとき、行かなくなったのが、こういう美容系のサロンです。一時期はフェイシャルのサロンにも行っていたなあ。あれは、実際に肌を整える、というよりも、自分にご褒美をあげたかったんだと思います。

最近、取材させていただいた先輩に、いいものを教えてもらいました。それは、「ettusais（エテュセ）」のクイックケアコート。塗るとツヤツヤになって、爪の保護&ケアになるのだとか。

先輩いわく、「マニキュアだと、だんだん爪が伸びてくると、根元の塗っていないところが目立つでしょう？　ちょっとはげただけでも気になるし、除光液でとって、またつけてが面倒。だけど、これは塗りっぱなしでいいの」。お〜、それはラクチンだ。

昔、ネイルサロンに通っていた時期があります。爪がきれいだと気分も上がるので。でも、お金も時間もかかるし、ずいぶん楽しんだからもういいや、とやめることにしたのです。

でも、ちょっと爪にツヤがあったらいいなあと思っていました。そんなときに教えてもらったのが、これというわけ。

さっそく使ってみたら、爪がほどよくピカピカになり、大満足。落とす手間もなく、ツヤがなくなってきたなあと思ったら、上から塗ればまたピカピカです。さっそく足の爪にも塗りました。

メイクもほとんどしなくなり、どんどん美容とは遠ざかっているけれど、こんな小さなケアは、やっぱり気分を上げてくれますね。

小さな気づきの日々

10〜12月

10月 1日

いつもの音楽

今日、朝のウォーキングに出たら、今年初めて、どこからかふわりと金木犀《きんもくせい》の香り。おお！ やっとあなたの季節になったのね！ と。暑い夏だったからこそ、その訪れがうれしくなりました。足元には、彼岸花があちこちに咲いていました。

ウォーキングから帰ったら、ヨガマットを広げて、ストレッチ&筋トレ&ヨガのような、今まで教えてもらったいろんなものを組み合わせた自己流のメニューで体を動かします。いつも Israel Ka'ano'i Kamakawiwo'ole さんのハワイアンミュージックを流しながら。

実は少し前、気が重いことがあって、ウツウツとしながらウォーキングから帰ってきました。「さ、体操、体操！」と思ってヨガマットを広げ、iPhone で音楽を流すと……。「スッチャカチャッチャ、スッチャカチャッチャ」とウクレレで奏でる「Over the Rainbow」のいつものイントロが流れてきて、心からホッとしたのです。「ああ、私は大丈夫！」って思えました。

時に嫌なこともあるけれど、淡々と毎日を暮らしていけば、また明日が必ずくる。いつものハワイアンソングが、そう信じる力をくれた気がします。

ルーティンの力って、こういうことなんですね。いつも同じご飯を食べ、いつものコーヒーを飲み、いつもの音楽を聴く。日常にある「いつも」って、時には「同じでつまらない」とも思うけれど、暮らしの中に、決して変わらぬ確かさを築いてくれるのだなあと思います。

10月 5日

人生には無駄も大切だ

出張の途中に寄り道をしてきました。岐阜への日帰り出張で、取材が終わったあとに、カメラマンさんと別れて一人、鳥居本《とりいもと》という無人駅へ。以前、ＳＮＳでつながっている建築家の方が、この駅の写真をアップされていて、かわいい！と感激したのでした。

米原駅から近江鉄道で２駅目。１９３１年の開業以来、ずっとたたずまいが変わっていないのだそう。取材が終わってから、「これは行けるかも！」と電車の時間を調べ、二両編成の電車でコトコト。外から見てもかわいいし、中も木枠の窓や天井がいい感じ。

今までの私なら、「原稿があるし……」と取材が終わったら、まっすぐ家へ飛んで帰ったと思います。でも、「２駅だし、帰りの接続もいいし」と思いきってＧＯ！　電車には後ろから乗って、降りるときには、無人駅だからいちばん前の扉だけが開いて、切符を運転手さんに渡します。

風景は、すすきが風に揺れてすっかり秋。到着した駅でベンチに座ってみたら、「ここを利用するのはどんな人なんだろうなあ？」と想

像がふくらみます。
田舎町に行くと、いつも考えることがあります。「私がライターをやめて、ここで暮らしたら、どんな毎日なんだろう？」って。地元のスーパーとかで働いて、夕方になったら家に帰ってご飯を作って。そんな日々もなかなか楽しそうだなあ〜、などなど。もしも、今の人生の外に、もうひとつの私の人生があったら……。そんな想像はなかなか楽しいものです。
小林聡美さん主演の映画「ツユクサ」をちょっと思い出しました。聡美さんが演じる五十嵐芙美は、小さな港町で一人で暮らしています。昼間は気心知れた仲間たちと働き、終わるとスナックに夕飯を食べに行きます。そこで知り合ったのが、松重豊さんが演じる中年男性の篠田。
二人とも悲しい過去があり、それを語らず、淡々と港町の日常を送る……。一人の人に、過去と今のふたつの時間が流れている。そんな物語でした。

日常の外へ一歩出る。

自分をちょっと離れる。

それって、煮詰まっているときには、とってもいい方法だなあと思います。

まっすぐ。

すぐに。

はやく。

とばかり思ってしまうけれど、ゴールにたどり着くために必要なことだけをやっていると、人生楽しくないんじゃないかなあ。時には無意味なこと、役に立たなそうなこともやってみると、自分の幹から枝葉が伸びて、思ってもいなかった小さな実をつけることがあるのかも、と思うこの頃です。

「あること」が当たり前になっている便利さ

先日ポッドキャストで、哲学者で経済学者の斎藤幸平さんのインタビューを聞きました。

「気候変動を食い止めるには、もう悠長なことは言っていられない。ときには劇薬が必要だ」と……。

巷ではエコバッグが盛んに売られているけれど、本当にあれだけの種類や量が必要なのか？　大量に作って大量に消費する経済から「買わない」という「劇薬的チェンジ」がないと、気候変動は食い止められない。そんなお話から始まっていました。

お恥ずかしながら、気候変動や自然環境について、まだまだ意識が低いワタクシ……。インタビューの中で、特に心にひっかかった言葉がありました。それが、「そんなに必要？」ってこと。

たとえば、コンビニは24時間営業が当たり前になっているけれど、そんなに必要？ってこと。コロナ禍になった頃から、少しずつ24時間営業でない店舗も出てきましたね。

私たちの生活の中で、この「コンビニ的存在」のものがたくさんあるなあと思いました。

これがあった方が、もっと便利。

これもあった方が、もっと素敵。

でも、それって本当はなくてもいいものなのかも?

たとえばコンビニ。朝イチの飛行機で出張に行くとき、朝4時や5時に利用したり、夜中にどうしてもコピーしなくちゃいけないことが出てきたりするのは、年に1~2回だけ、だったりします。こんなふうに、あった方がいざというときに安心……というだけで持ち続けているものが、実はたくさんあるのかも。

人生後半、暮らしをひとまわり小さくするには、物理的にものを減らすだけでなく、当たり前に便利、必要、と思っていた意識を変えてみることも大事だなあと思いました。

連休後半、広島に1泊で出張してきました。1泊でも、職業柄、パソコンを持って出かけます。リュックに着替え用のシャツを1枚、下着をワンセット、化粧品類。もしパソコンがなければ、ずいぶん荷物が軽くなります。「パソコンがなくちゃダメ」という思い込みも、もしかしたらなかったらなかったでどうにかなるのかも。そうしたら、もっと身軽にホイホイ歩けたかも。

「当たり前」がなんなのか、気づくってなかなか難しい。でも、気づくことができたら、もっと軽やかに暮らしていけるように思います。

10月 12日

ちゃんと休める人になる

縁側からの日差しがポカポカと暖かくて、先日は一日中家にいたので、昼ご飯のあと、ひだまりでお昼寝を。背中に陽の光の暖かさを感じながらウトウトする時間は最高でした。

最近やっと、こうやって「休む」ことを自分に許せるようになってきたなあと思います。若い頃は、昼間にゴロゴロするなんて、後ろめたくてできなくて、なのに、眠いから無理やりパソコンに向かってもさっぱりはかどらなくて……。

「私は、休むことが下手だなあ」「どうやったら、休めるようになるのかなあ」とずっと考えてきました。

でも！　その方法は意外と簡単でした。あれこれ考える前に、答えが出なくても、とにかく休んじゃえばいいんです。そうしたら、とろとろ眠るお昼寝が最高に気持ちよくて、そのあとシャキッと目覚めることを体が教えてくれます。

若い頃、マイペースで仕事をする先輩に、「どうしたら、休めるようになりますか？」と聞いてみたとき、「休んじゃえばいいだけよ～」

と言われた意味が、やっとわかるようになりました。

歳をとると無理がきかなくなって、詰め込みすぎると、疲れて眠くなったり、集中力がなくなったり。そんな自分のご機嫌をとり、パフォーマンスを上げるには、やっぱり「休む」が重要だなあと感じます。上手に休めるようになると、仕事をする時間は、ぐい〜っと集中できるようになるから、仕事量はそんなに変わらないのかも。

こんなことを書きながらも、立て込んでくるとバタバタするのだけれど、「あ〜、休みたい！」と思える自分になったことを、よかったなあと思っています。

10月 23日

もしもあの道をまっすぐ行っていたなら

いつものウォーキングの道中が、カサコソという冬の音になってきました。日曜日は気持ちのいいお天気で、シーツを洗って干しました。

つい先日のこと。日帰り出張で、久しぶりに6時台の東京発ののぞみに乗る予定でした。自転車で家を出て、最初の曲がり角。まっすぐ行ってもいいし、左に曲がってもいい。どっちにしようかなと思っていると、まっすぐの道に、人影が見えたので、誰もいない道にしようと、左折しました。すると、東向きに伸びる道の先には、ピンク色の朝焼けに染まった空。うわあ、きれい！ 思わず自転車を止め、スマホを出して写真を撮ろうとしました。

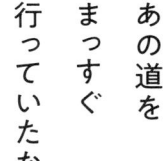

すると……あれ？ スマホがない！ あ、もしかして、食卓の上に置きっぱなしだったかも！ 大慌てで取りに帰ると、やっぱり食卓の上にポツンと置かれておりました。

よかった！ もしもあのとき、まっすぐの道を選んでいたら、私は東の空を見ることもなく、東の空を見なかったらスマホを取り出すこともなく、駅につくまで、スマホを忘れたことに気づかなかったでしょう。

新幹線はエクスプレス予約で、スマホでタッチして入るので、チケットレス。でもスマホがなければ、どうにもなりません。ああ、よかった。神様、あそこで左に曲がる道に導き、そして、きれいな朝焼けを見せてくれて、写真を撮りたいと思わせてくれて、ありがとう！心の中で手を合わせました。

人生は小さな選択の連続です。たまたま選んだその道で、ピンチを回避することになる。私はそんなにスピリチュアルな人ではないけれど、こんなときは、どこかに大きな意志が働いていて、私は見守られているのかなあと感じます。

出張やら取材やらでバタバタしていて、ここしばらく朝のウォーキングや掃除をサボっておりました。週末、やっと家にいることができたので、いつも通りのルーティンに戻りました。

ウォーキングをサボると、その後の20分ほどのストレッチもする気にならなくて、体を動かさないと、なんだかシャキッと目覚めなくて、ま、いいかと掃除もサボってしまう……。そんな負のスパイラルが続くと、部屋がどんどん荒れてきます。

ふとんを足で跳ね上げて、「さっ、いこ！」と外に出て歩き始めると、プラスのネジがキリキリと巻かれて、その勢いで、ストレッチ、拭き掃除と、ポッドキャストを聴きながら体が勝手に動く。そして終わると、部屋も気分もすっきり。

考えずに動き始めること。ルーティンってやっぱりすごいわ！と改めて思った週末でした。

11月 5日

私には「何もしない」時間が必要だ

朝、日が昇るのがどんどん遅くなっています。ウォーキングからの帰りにやっと空が明るくなってくるぐらい。でも、この時期だからこそ目撃できる朝焼けが大好きです。

小川糸さんの新刊『小鳥とリムジン』(ポプラ社)を読みました。本には2種類のタイプがあるなあと思います。ひとつは、次の展開が気になって「どうなるの?」とページをめくる手がどんどん早くなっていくもの。そして、もうひとつは、飴玉を舐めるように、読み終わってしまうのがもったいなくて、口の中で飴を転がすように、ゆっくりゆっくり読みたくなるもの。

糸さんの小説はいつも後者のタイプです。ストーリーというよりは、物語の中に流れる空気をずっと吸っていたい。おいしいものの匂いや、部屋の中の家具の質感や、空や木々の色や音。そんなすべてに包まれていたい、と感じさせられます。

この『小鳥とリムジン』は、幼い頃からつらくて、苦しい体験をしてきた主人公の小鳥ちゃんが、「リムジン弁当」の理夢人くんと出会って自分を少しずつ開き、再生していく物語。なかなかハードな過去の描写は読むとつらいものだけれど、そのつらさが、理夢人くんの作るお弁当や、話しかけてくれる言葉や、小鳥ちゃんの繊細な心の描写など、相反する世界と少しずつ溶け合って、つらさがあったからこその発見や、幸せにつながっていく……。そんな甘辛バランスに、途中何度も涙しました。

ユリの花について二人が話すシーン。

「僕は、正直苦手だったの。なんか、自分が自分がっていう自己主張が強い感じがして、香りも強すぎて」理夢人が言った。

(中略)

「でもさ、ある日、僕は人里離れた静かな森の中で、一輪のユリの花と出会ったんだ。そのユリは、人知れず、木陰でひっそりと咲いていたんだけど、その姿が、ものすごく生命力に溢れていて、魅力的で、まるで妖精みたいだった。(中略)それで気づいたんだ。花屋さんで売られているユリの花は、本来の姿ではないんだって。

（中略）

こっちさえ扉を開いたら、そういう大自然の神秘みたいなものを、山はいくらでも出し惜しみせずに教えてくれる。ユリの花を、単なる情報として頭で知るんじゃなくて、この体のセンサーを通して肌感覚でお腹で受け入れると、今まで見えていなかった世界がありありと見えてくるんだよ」

お弁当について理夢人くんが語るシーン。

「日本だとさ、耐え忍ぶとか我慢とか、自分を犠牲にすることが美徳みたいに言われるでしょ？　でもさ、僕は全然そう思わないんだ。

（中略）

一日一食でも、蓋を開けた瞬間ニコッとして、誰かがちゃんと心を込めて手作りした食べ物を口に入れたら、小さな小さな積み重ねだけど、長い目で見れば人生が変わってくる気がしない？」

読みながら、糸さんが暮らす山の家を思い出していました。都心で仕事をしていると、すぐに結果が出ることばかりを追いかけて、「待つ」とか「観察する」とか「感じる」など時間をかけて体でわかっていくことを、すっ飛ばしてしまいます。何がどうしてどうなった、という事実ばかりを追いかけて、そこにあるご飯の湯気や卵焼きの音、煮物の香り、窓からの光や、足裏の肌触りなど、体を包み込む「空気」を感じることをシャットアウトしてしまう……。

でも、本当のシアワセって、何がどうしてどうなった、という結果ではなく、その途中の「今日」という一日で、「おいしかった～」とか「気持ちよかった～」ってことなんだよなあ。

そんなふうに「自分が感じられるペース」で暮らすことが、きっと大事なんだろうな。読み終わって本を閉じてから「なにもしない時間」を味わいたくなりました。

11月 14日

自分の調子が落ちたときの処方箋

博多阪急でのイベントから帰ってほっとしたからか、翌日から発熱。体がだるくて、朝のウォーキングも掃除もすべてパスして、じっとしておりました。今朝、ちょっとマシになり、久しぶりに掃除を。さっぱりした部屋を眺めて、あ〜気持ちいい！とうれしくなりました。

自分の調子が落ちたとき、どうするか。そんな自分なりの処方箋を持っているといいなあと思います。

私の場合は、まず「ちょっとおかしいな」と思ったら、早めに病院に行くようにしています。私のまわりには、なるべく病院に行かず、なるべく薬も飲みたくない、という人も多いのですが、職業柄、取材が入っていると休むことが難しい……。もしリスケをしたら、先方やカメラマンやすべての関係者に迷惑をかけるし、具合が悪くなる前に、なるべく早めに治しておきたい、と思うので……。

今回も、イベントから帰った翌日、熱を測ったら38度ぐらいあり、すぐに病院へ。もらった薬を飲んで、この日だけは予定を変更し、ずっと家で寝ておりました。寝ても寝ても寝られる……。やっぱり体が疲れていたのかもしれません。自分が弱っているときは、こんなふうにすべての回路を切ってベッドに潜り込み、ひたすら寝るのがいちばんだなあと思います。

風邪のひき始めに、その予兆としてやってくる症状が、足の裏がなんだかす〜す〜するということ。ああ、これやばいなあと思ったら、お灸《きゅう》をします。体がポカポカになって、疲れがとれる気がします。

だるいけれど、薬も飲むし、ちゃんと食べないと！ということで、「風邪に効く食べもの」で検索してみました。すると出てきたのが常夜鍋！　ほうれん草と豚肉の組み合わせがいいのだとか。そこで、夫がいなかったので、小さな土鍋で一人鍋をすることに。大好きな塩ポン酢でさっぱり食べたあと、いただきものの練りごまで味変して食べました。夫がいないので、薄味の大根も炊いて（夫は濃い味が好きなので、いないときだけ薄味に仕上げます）。

そして、今朝起きると熱は下がり、ちょっとマシになっておりました。「今日も、掃除サボっちゃおうかなあ」と思ったけれど、エイッと思いきって掃除機をかけ、拭き掃除を。「な～んだ、できるじゃん、ワタシ！」と思ったところです。

体がだるいと、本当にすべてに対してやる気が起きずパフォーマンスがダダ下がり。好きなことをするのも、仕事を頑張ることも、楽しいことにワクワクするのも、健康が土台となるのだなあと改めて感じています。

11月 15日

自分が「できること」と「できないこと」を分ける

ようやく熱も下がり、ちょっと体のだるさがとれてきました。まだ少し咳は残っているものの、快方に向かっています。

ちょっとよくなってきたら、ずっとサボっていた掃除にも少しずつ取りかかれるようになりました。体がしんどいと、掃除も片づけも「もういいか」となりますね。部屋を整えるのにも健康が必要なのだなあと実感。やっと、キッチンワゴンのホコリや細かいところの汚れが「見える」ようになってきました。

思い返せば、ちょうど去年の今頃、博多でのイベントを終えて帰ってきたとき、インスタグラムを乗っ取られたのでした。夕飯の準備をしていたら、変なダイレクトメールがきて、「あなたのインスタを凍結します。解除する場合はこちら」と導かれて、アクセスしたら地雷を踏んで。1か月ぐらい大騒ぎをして、フォロワーの方々に、フィッシングメールがいってご迷惑をかけたり……。あのとき、自分がいかにインスタに依存していたのかを思い知りました。

でも、やっぱり何かを発信して、いろんな反応をいただくって、うれしいものです。今回のように、具合が悪かったら「大丈夫ですか？」と心配していただいたり、本を出したら「読みました」とコメントをいただいたり、ご飯を作ったら「おいしそう」と言っていただいたり……。

ただ、それが「反応を得るため」だけになると苦しくなります。人はどうしても、自分が行動を起こしたらそれに対する評価が欲しくなります。でも、「評価」を目標にすると、それが、自分がコントロールできないものであるがゆえに、苦しくなる。そこに固執しすぎると、どんどん負のスパイラルに陥ってしまいます。

「私だけがいいと思えればそれでいい」と割り切れればいいけれど、やっぱり「誰か」の「お大事に」という一言はうれしい。何かを頑張ったら褒めてほしいし、弱ったときは慰めてほしい。でも、それは、天から降ってくるプレゼントのようなもので、だからこそ、受け取るときにうれしいんだよなあ。そうか！　自分でコントロールできないからこそ、いただくとうれしいのか……。

私ができるのは、心を込めて目の前のことに向き合うことだけ。自分で「できること」と「できないこと」にきちんと線を引くことが、自分の心を疲れさせず、そして、まわりの人から与えてもらったことに感謝するコツなのかもしれません。

11月　21日

日帰り出張の夜は炊きたてご飯を

昨日は日帰り出張で関西へ。久しぶりに暗いうちから電車に乗って出かけました。若い頃、まだ夜型生活で深夜まで原稿を書いていたときは、この早朝の出張というのが、めちゃくちゃつらかったなあと思い出します。深夜2時頃まで原稿を書いて、ベッドに入ると起きられなくなるのが怖くて、部屋にゴロンと横になって1時間ほど仮眠して、始発の電車や飛行機で出かける……。でも、妙に頭が覚醒して、明けてくる空を見ながら「よ～し」なんて思っていたのでした（笑）。あれは、体力があったからできたのだと思います。

今は、デフォルトが5時半起きなので、いつもより1時間ほど早く起きればいいだけ。前日は9時半にはベッドに入り、とにかく睡眠をよくとり、体調を整えることを第一に考えるようになりました。いい仕事をするためには、よく眠ること。これが今いちばん大事にしていることです。

新幹線の中で、以前は本を読んでいたのだけれど、最近は、NHKプラスやTVerなどでスマホでテレビが見られるので、1時間ほど見てから寝落ちするようになりました。昨日見たのは、最近ハマっているＮＨＫドラマ「宙わたる教室」。これがめちゃくちゃいいのですよ。

舞台は定時制高校。いろんな事情を抱えた生徒が通っていて、そこで理科を教えているのが、窪田正孝さん演じる藤竹《ふじたけ》先生です。この学校の科学部に、自分の意思ではなくたまたま集まった生徒たちが、「火星のクレーター」を再現する実験に挑戦。科学発表会で発表することを目指す……というお話。

どこか達観したような、クールな窪田さんの演技がすごくよくて、不良の少年、保健室登校の少女、フィリピン人とのハーフでレストランを切り盛りしながら学び直そうとする女性、工場を経営しているおじさん……と立場も年齢もバラバラな生徒が集まり、目を輝かせながら、科学の実験に夢中になっていく。ドラマを見終わると、なんだか夜空を見上げたくなる。そんな心洗われるドラマです。

東京は雨だったけれど、関西に着くと快晴でした。関西に取材に行くときは、いつも実家に前泊して母の手伝いなどをしていたのですが、今回は風邪気味なので、うつしたらいけないと思い、日帰りに。ただ、前日母から電話があり「LINEが届いても、着信音が鳴らなくなったんよ」と言うので、取材が終わってから、ちょっとだけ実家に立ち寄り、スマホの操作を手伝って一緒にお茶を飲み、帰ってきました。二人とも、まあまあ元気そうでよかった。

私は、1泊するより日帰りの方が、気持ち的にラクなのです。1泊して、その日自宅に帰らない場合は、自宅でするべきことを全部済ませたり、段取りを組んだり。そして、このブログを書くからパソコンは必ず持って出るし……とあれこれやることが増えてしまうのです。

とはいえ、やっぱり行き帰りで合計5時間の移動は疲れます。昨日は取材が早く終わったので、実家に立ち寄っても、自宅に戻ったのは夜の8時前。それから晩ご飯どうしようかと考えました。この日、夫は出張中。

お弁当を買って帰ってもよかったのだけれど、体調がイマイチで、元気がないからこそ、冷たいご飯が食べたくない。そのとき、ふと思い出しました。そうだ、あれがあったじゃん！　そう、作り置きのドライカレーが冷凍してあったのでした。

帰ってすぐに手だけ洗って着替える前にお米を洗い、ご飯を炊き始めました。こんなとき、土鍋はほんの10分ほどで炊き上がるから便利。15分ほど蒸らす間に着替えたり、片づけたり。

こうして、無事にドライカレーの晩ご飯を食べました。炊きたてのご飯ってやっぱりおいしい。そして、食べたら元気になる。ご飯とお漬物だけでもきっといいと思います。疲れたときは、ご飯だなあと思ったのでした。

11月25日

全身全霊でぶつかること

クリスマスまで約1か月。いよいよ今年も残すところ少なくなってきました。私は今、来年1月に刊行される『暮らしのおへそ』の取材が佳境で、特に今回は出張が多く、あっちこっちへ飛びまわっております。いつも、この時期バタバタしているので、紅葉を楽しむ余裕もなく、年末感に浸るのは、入稿を終えてからです。アワアワとしている気持ちを落ち着けたくて、奮発して「Aesop（イソップ）」のハンドクリームを買いました。今回は少しスパイシーな香りを。毎朝、ウォーキングと筋トレと掃除を終えてパソコンの前に座ったら、まずはハンドクリームを塗ってふ〜っと深呼吸をします。

先日、NHK「朝イチ」で、俳優の成田凌さんのインタビューが放送されていました。朝ドラの「おちょやん」に出ていらして、浮気者の夫役で「こいつなんなん！」と怒ったことは覚えていたけれど、そんなに深くは知らない俳優さんでした。でも、今回のインタビューはおもしろかった！

美容師になろうと専門学校に通っていたときにスカウトされ、すぐには決心がつかなくて、1年後にモデルとしてデビュー。まわりでは、自分より年下の俳優さんたちがすでに活躍していて、「とにかく焦っていて、早くしなくちゃ！と思っていました」と語っていらっしゃいました。モデルとして仕事を始めると、私服コーデのページで人気に。『メンズノンノ』（集英社）の編集者と一緒に「おもしろいページにしよう！」とご飯を食べるのを節約して、洋服を買っていたそう。何をするにも全力投球！　さらに「俳優になる」ために選んだ方法が、いろんなオーディションを受けまくるというまさに正面突破！　映画「ニワトリ★スター」にどうしても出たくて、「この役をやれるのは僕しかいない！」と監督に叫んでアピールしたのだとか。なんだか、胸が熱くなりました。

若いときの私に、「できるかどうかわからなくても、こんなふうに全身全霊でぶつかるっていう方法もあるんだよ！」と教えてあげたい。

人は、「できるか、できないか」とジャッジして、できそうなら「やらせて！」と声を上げるもの。でも、できるかどうかわからないけれど、「やりたい」という気持ちだけでなりふり構わず、そのときの自分のまま、力いっぱいぶつかる。きっと才能って、何かに突出しているかどうかではなく、そうやって夢中になって向かっていける力のことを言うんじゃないかな。

迷ったらワクワクする方へ。要するに、やりたいか、やりたくないか。

若い人たちのエネルギーに刺激を受けて、自分のワクワクエンジンを、もう一度点検してみたくなりました。

11月28日

ひとまわり自分のエンジンを小さくして

偶然、会った人から「はい」とりんごを手渡してもらうこと3回。わが家に、いろんな場所からやってきたりんごが集まりました。りんごがおいしい季節になりましたね。

このところずっと行けていなかった朝のウォーキングに久しぶりに出かけ、帰ってからストレッチ&筋トレを。ほんの1週間ほどサボっただけなのに、体が重たくて、あちこちの巡りが悪くなっていることに気づきました。やっぱり毎日続けるって大事なんですね。

いつもの年より少し早く、来年の準備を始めています。まず買ったのが手帳。迷いに迷って、来年はまた「クオバディス」に戻りました。今年は「Letts（レッツ）」の手帳を使っていました。これは、8cm×17cmと小さくて、かさばらないし、小さなバッグにも入るし、持ち歩くにはとてもよかった。私の「持ち物軽量化作戦」にはぴったりでした。

最初「マンスリー」を使っていて、あまりにひとマスが小さくて、予定がはみ出してしまい、半年ほどで「ウィークリー」に買い替えました。でも、やっぱり私は1か月の予定を見開きで見渡せないと、予定が頭に入ってこない。1か月のスケジュールを見て、「ここらへんは混み合っていて忙しい」「あそこらへんは、ちょっとゆっくりできる」というふうに、余白や文字の集中具合で、自分の予定を感覚的にキャッチしていたんだなあと気づきました。

私が欲しいのは、マンスリーで、12か月分のスケジュールと年間のスケジュールが書き込めるだけ、というシンプルな手帳。でも、どの手帳も、スケジュールの後ろにメモページがくっついているのです。すると、どうしても手帳が分厚く重たくなる……。取材ノートは別に持つので、スケジュール帳にメモは必要ないのです。スケジュールだけ、という手帳がないかなあとずいぶん探しました。でも、ない！

もうひとつ、選ぶポイントは、1年間毎日持ち歩いても汚くなりにくいもの。それには、ビニールカバーより革のカバーがいい。そんなこんなの条件を満たすのが「クオバディス」だったというわけです

（クオバディスにも、メモページが後ろに少しだけついているのですが）。たったひとつの手帳でも、自分に合う条件を自分で考え、優先順位をつけるって、難しいものですね。

もうひとつ、早めに買ったのがタオル。今使っている、ひびのこづえさんプロデュースのタオルがなぜかどのネットショップでも売り切れになっていたので、前に使ったことがある、伊織のノンパイルのものにしました。

タオルの枚数もだんだん減らしています。以前は、バスタオルとフエイスタオルは6枚ずつ揃えていたのだけれど、昨年から4枚ずつに。本当は2枚ずつでも十分かな？と考えたのですが、梅雨どきなど、洗って乾かなかったことを考えて4枚に。

ほかのものでは、今年はキッチンクロスを買い替えようと思っています。下着類は、先日「ハンロ」のものを買ったのでＯＫ。新年のための日用品の買い物はこれくらいでおしまいかな。思えば、新年のために、と張り切らなくなったなあと思います（笑）。

歳を重ねるにつれて、本当に自分に必要なものは、そんなに多くないと知り、誰かがいいと言っても、自分にとっていいとは限らないと気づき……。そんな中で、「これだけは」と譲れないことだけを大切にし、自分が満足できる暮らしをつくる。

人は、そうやってひとまわりずつ自分のエンジンを小さくして、大きな力を使わなくても心地よさを手に入れられるようになるのかもしれません。

12月　3日

今月の経験を未来の私にお知らせ

行きはまだ真っ暗なのに、帰りには、晴れ晴れと空が明けてくる。そのドラマティックな落差が、冬の時期のウォーキングの醍醐味です。

昨日も一歩も家を出ずに原稿の日々。そんな中で唯一の楽しみが、掃除をしながら、ご飯を作りながらポッドキャストやVoicy（ボイシー）を聴くことです。

先日、EmiさんのVoicyで、過去の放送を遡って聞いておりました。すると……。

人間ドックに行ったというお話をされていたのですが、帰ったら、何時に終わったか、持って行ったらいいと思うものは何か？など、気づいたことを、来年のためにメモしておくのだとか。

私は「振り返り」という作業がとても苦手です。大切さはわかっているのですが、いざ自分でやるとなると、スイッチが入りません。

常に前を向いて走っていて、「やっちまったこと」は、もう過去のこと。振り返っても、やり直すわけにはいかないし、「反省」って、なんだか過去の自分を否定するようでつらいし……と思っていました。

でも、今回Emiさんのお話を聞いて、すとんと腑に落ちたのです。

そっか。やったことを振り返るのは、未来の自分のためなんだ。

私はやったことはどんどん忘れるし、その結果、去年どういうプロセスだったかも覚えていないし、思い出せない……。でも、今月やったことを振り返って、ちょっとメモしておけば、1年後の同じ月に、ちょっとスタートを早めたりと、「改善」というプロセスを組み込めるかも。

それは、たいしたことじゃなくてもいいんです。たとえば今、薄手のハイゲージで首のまわりが詰まったセーターを探しているけれど、見つからないとき。この時期、店頭にはもう厚手のニットが並んでいて、薄手のものは見つからない。だから、来年はもう少し早めに、11月初旬から探せばいいかも――そんなことをメモしておけばいいんだ！と思いました。

じゃあ、どこにどういうふうに書く？　いつも、お風呂のフタの上で書いているノートに書いておく？　でもそうすると、どこに書いたか後から探しにくいし……。

そこで！　手帳のマンスリーの枠の下にある小さな余白に書くことにしました。たとえば、11月を振り返って、来年の私に伝えるとしたらこのような感じ。

1．イベントのときは会食を入れすぎない（昼のイベントが終わって夜も予定が詰まっていると、体が休まらないから）。

2．イベントのあとは予定がギュウギュウになるから、イベント前に打ち合わせをなるべく終えておく。

3．薄手のニットを探す。

毎月、欄外に青ペンで書いておき、来年の同じ月の月初に見返したら、その月に気をつけるべきことが見えてくる。

お～！　いいこと思いついちゃった。

12月10日

「そこ」から離れて認知の仕方を変えてみる

1. 2
3. 4.
5. 6

夜が明けるのがどんどん遅くなっています。このあと、冬至までの1週間は、一年でいちばん夜が長い日々。でも、赤く染まるほんの少し前のしんと青白く広がる空も、私は大好きです。

この頃疲れがとれにくくなったなあとしみじみ感じます。特に出張のとき。出張と出張の間が近いと疲れがどんどんたまり、回復できなくなってきた……。すると、喉が痛くなったり、咳が出たり、風邪をひいたり。今も1か月以上前にひいた風邪の咳がなかなか抜けなくて、夜になるとゲホゲホしています。

これから先は、そんな自分の体をちゃんと理解して、取材に行ったらちゃんと休む。そんなスケジューリングをしていかなければ、と思っています。

が！　こんな出張と出張の間でも、原稿の締め切りに追われているときも、テニスだけは休まなかったワタクシ。体は疲れても、忙しい頭を一旦空っぽにできる。そんなテニスの時間は私にとってなくてはならないものとなりました。

最近、テニスでちょっとおもしろい練習をしています。テニスは、「いい場所に行く」「いいスイングをする」がセットになって初めてラリーがうまくいく、と言われています。この「いい場所に行く」というのがなかなかできない。つい「いいスイングをする」＝どうラケットを振って、どうボールに当てるか、ばかりに必死になってしまいます。けれど、「いい場所」に行けていないと、結局ボールに近づきすぎたり、遠すぎたりして、いいスイングができない……。

そこで、コーチが考えてくれたのが、コートを6分割して、1、2、3、4、5、6と場所に名前をつけること。そのうえで、コーチが球出しをしてくれたら、そのボールがネットを越える前にどこに落ちるかを予測して「イチ！」と大きな声で言ってからその場所に行ってボールを打つのです。

「イチ！」「サン！」「え〜っとヨン！」「じゃなくてサン！」と、はたから見たら、「あの人なにしてんの？」と言われるような練習を続けています。

最初は「え〜、そんなことでうまくなる？」と半信半疑だったのですが、この練習をしばらくやったあとに、ラリーや試合をしてみると、あら不思議！　以前より、「どこに落ちるか」を予測して動けるようになっているではありませんか！

つまり、「いい場所に行く」のは、「いい場所に行こう」と頭で考えるだけではできないけれど、落ちる場所の番号を声に出して言うことで、できるようになるってこと。

そして、このことってテニス以外にも言えるなあと思ったのでした。

私たちは、目の前のことを認知しようとしても、なかなかそれができません。でも、ちょっと離れて、まったく違う角度からそれを見てみたら、「ああ、そういうことか！」とわかったりする。

たとえば「何を書こうか？」と考えてパソコンの前に座っているだけでは、なかなか書けないけれど、誰かに会って話を聞いたり、散歩して空を見上げたりしながら、自分の考えに思いを巡らせているうちに「あ、そうか。あれとこれがつながってこうなるんだ」と何かが見えてきて、答えが見つかったりします。

仕事での人間関係が鬱陶しくて、「は〜」とため息をつくけれど、ちょっと落ち込んだときに、同僚が声をかけてくれて、「ああ、仲間っていいな」と改めて感じることもあります。

「そこ」にずっといるとわからない。でも、場所や思考をずらしてみると、見えてくることがある……。

「イチ〜!」「ニ〜! じゃなくて、サン!」と叫んでボールを追いかけながら、「認知」について、改めて考えた日々でした。

夫の帰りが遅い日のご飯問題

夫が最近忙しく、夜遅くなる日が続いています。そうなると、やっかいなのが夕飯の準備。毎日出かける前に「今日は何時ぐらいになる？」と聞きます。すると「9時頃かな」と夫。「家でご飯食べる？」と聞くと、必ず「食べる！」と言います。

私は夕方になると「何を作ろうかなあ」と考え始め、必要なら買い物に行き、6時過ぎからご飯を作り始めます。

すると……。8時くらいにＬＩＮＥがきて、「やっぱ、帰りは10時ぐらいになるので、ご飯いりません」と。

なに～！　いらないのなら、もうちょっと早く連絡してよ！といつも思います。

相手が、何時ぐらいに何をしているか、という想像力が欠けている。そういえば、男性は時間の逆算が苦手、と聞いたことがあります。だから「段取り」ができないって……（まあ、男性に限ってではないかもしれませんが）。

そんなことが2、3回続いて、も～やめた！と思いました。

熱々を出してあげよう、とか、焼きたて、炒めたてを用意しよう、というのはやめ！　最初から「作り置き」風のおかずにして、食べても食べなくてもいい状態にしておこうと。

そこで、昨日は温め直してもおいしい高山なおみさんのレシピで作ったハンバーグと、キャロットラペ、ポテトサラダ、大根の煮物を作っておきました。

こうしておけば、何時に帰るだろう？　いるのかな？　いらないのかな？とイライラせずに、作ったらおしまい。もっと早くからこうすればよかったと思いました。昨夜も夫はやっぱり遅くなり、10時ぐらいに、自分で取り分けて食べておりました。

わが家は、お互いフリーランス同士で、帰ってくる時間が日によってバラバラ。しばらく一緒にご飯を食べられる日が続くと、遅くなった日の段取りを忘れてしまいます。

作ったおかずは、今日食べなければ明日のための貯金になるし、あとがラクになるなと改めて思ったのでした。

12月 12日

一日一生という生き方

昨日は、ホロスコープの仲間たちと、ご飯を食べに行きました。5、6年前にホロスコープの先生に出会い、時々見ていただくようになりました。その先生を囲んで、同じように見てもらっている友人たちが、集まったというわけです。

友人たちは、自分の星をすごくよく理解して、「私のアセンダントは……」とか「私は12ハウスだから」と話しているのですが、私にはチンプンカンプン。いつも先生のおっしゃることから、自分の暮らしや仕事に直接関係ある部分だけを抽出して聞いているので、いつまでたっても、星読みの基礎がわかりません。もうちょっと覚えたい！

そんな中、先生がおっしゃった一言がとても印象的でした。壮大な星の周期で自分の位置を確かめながら、10年後、15年後のこともお話しされるのに、結局先生がいちばん大切にされているのは、「一日一生」ということなのだそう。つまり、「今日を精一杯生きる」ということです。

昨日うまくいかないことがあったとしても、夜眠って朝になったらまた新しい一日が始まる。今日どんなにいいことがあっても、一日が終わったら、明日はまたゼロから始まる。

「今日、一日だけ」という思いで生きていたら、常に幸せな思いで満たされるんだろうなあと思いました。

朝目覚めたとき、まっさらな一日が目の前に広がっていたら、その一日だけを見つめて、楽しく愉快に過ごせばいい。眠ったらゼロになるのだから、何かを得たり、積み上げたりしなくていい。欲張らずに一日だけ。そうすれば、ずっと続く幸せが手に入るような気がします。

12月 23日

人生後半「だいっすき」探しを！

還暦を迎えて、ぐるっとまわってゼロに戻って、身のまわりにあるものを、周囲の目を気にせずに、自分だけの新しいものさしで計り直してみよう、と思った今年。でも、それがなかなか難しいこともわかってきました。誰がなんと言おうと好きなことをやろう！と思ったけれど、だったら自分は何が好き？と問うてみると、あれ？　なんだったっけ？とわからなくなります。

時々、「私、あれ、だいっすきなんです！」と語ってくれる人に出会います。以前取材させていただいた、医師の稲葉俊郎さんは、横尾忠則さんがだいっすき！　その追求っぷりにはいつも驚かされます。うちの夫は、お城巡りがだいっすき！　一人で天守閣もなんにもない城跡へ行っては興奮しています（わからん……笑）。

では私は？と考えると、あれ？と立ち止まってしまいます。私って「だいっすき」って言えるほど好きなもの、そんなにないんだよなあって。

誰もが、何かを好きになるきっかけがあって、それを追いかけているうちに、どんどん魅力にはまって、「好き」が「大好き」に変わっていくんじゃないかなあ。

私は、これまでずっと仕事優先で、「好き」の入り口が見えても、「ここを入ったら、仕事に差し障りがあるからやめとこう」とストッパーをかけてきた気がします。だから、のめりこんで、夢中になって追いかけることがなかった……。もっと心のままに、後先考えず、「ちょっと好き」と思ったらもっとほかの場所へも行ってみたり、本を読んでみたり、「好き」の奥へ進んでみたいなあと思うようになったのでした。

そのためには、暮らしに「余白」がないといけない、とずっと思っていました。でも、もしかしたら逆なのかも。「おもしろそう！」って思ったら、時間のあるなしにかかわらず、どんどん行ってみる。そこで、もっとおもしろいことを見つけたら、心が震えるほど感動したら、いつものやるべきことを、とっとと切り上げて、自然に「そっち」へ行けそうな気がします。

だからまず、ストッパーをはずして、心のままに好奇心に素直に従ってみよう。人生後半「大好き集め」をはじめたいと思います。

12月29日

豆を煮る

毎日、取材に出ない日は、午前中に書斎に籠もって原稿を書いたら、12時に朝食のような昼食を食べます。パンとスープとコンポートとヨーグルト。365日同じメニューですが、スープは季節によって少し変わります。

夏は、キャベツとトマトなどを入れてさっぱりした野菜スープに。冬は、かぶや白菜をやわらかく煮てポタージュスープに。ポタージュのとろみをつけるために、じゃがいもやさつまいもを加えることもありますが、気に入っているのが白花豆《しろはなまめ》。1袋分まとめて煮たら、小分けにしてキューブ状に冷凍しておき、かぶや白菜の上から1個をポトンと放り込んで煮るだけ。

もうちょっと詳しく書くと、少量の玉ねぎとベーコンを炒め、その上からかぶや白菜、冷凍しておいたきのこ類を加え、塩麹を加えて水を半カップ。すべてがやわらかく煮えたら、ハンドブレンダーでつぶして、豆乳を加えてできあがりです。

最初は、とろみをつけるのに何がいいかなあと思っていて、「そうだ、豆だ！と」思いついただけだったのですが、これが、食べてみるととってもおいしい。白花豆の甘みとコクが加わって、入れるのと入れないのとでは、大違いなのです。豆の力ってすごいですね。そろそろ小豆も炊いてみようかなあと思っているところです。

おわりに

最近、トイレの掃除方法を変えました。数年前からトイレブラシをなくしているわが家。掃除は、洗剤をシュシュッと吹きかけてから、トイレ用お掃除シートで便器の中を洗っていました。そんなとき、取材先で教えてもらったのが、夜寝る前に洗剤を吹きかけておき、朝になったら流すだけ、という方法。夜はつい忘れてしまうので、わが家では「いつでもＯＫ」と決めて、気がついたときにシュシュッ。たったこれだけで、便器はいつもピカピカに。な〜んだ、こすらなくてもよかったのか！とぐんとラクになりました。

若い頃の私なら、「シュシュッとかけるだけ」なんて、許せなかったと思うのです。なんだかサボっているみたいで。でも、効果が同じなら、ラクな方がずっといい。たぶん、かつての私にとって、大切なのは「プロセス」だったのだと思います。「こんなに丁寧に掃除している私」が大事だった。

でも今は「あっち」と「こっち」の結果を並べて、労力と時間と結果を冷静に見比べることができるようになりました。

なんとなく丁寧。なんとなく美しい。若い頃に大事だったのは「雰囲気」でした。でも、いろいろな経験を積み、本当に必要なものを見極める力がついて、やっと無駄なものが見えてきたように思います。今が、暮らしのエンジンを載せ替えるチャンス。大きな力を使わずに暮らしをまわす。そして、省いた時間で、もっとじっくり一日を味わえたなら……。季節の花一輪に心を動かされる。そんな余力を手に入れられるのかもしれません。

一田憲子《いちだのりこ》

1964年京都府生まれ、兵庫県育ち。編集者・ライター。OLを経て編集プロダクションに転職後、フリーライターに。暮らしまわりを中心に、書籍・雑誌で執筆。企画から編集、執筆までを手がける『暮らしのおへそ』『大人になったら、着たい服』(ともに主婦と生活社)を立ち上げ、取材やイベントなどで全国を飛びまわる日々。著書多数。近著に『父のコートと母の杖 親の人生の最終コーナーで私は父と母に出会い直した』(主婦と生活社)、『すべて話し方次第』(KADOKAWA)がある。

外の音、内の香
https://ichidanoriko.com/

ブックデザイン　渡部浩美
写真・絵　一田憲子
編集　八木麻里(大和書房)

小《ちい》さなエンジンで暮《く》らしてみたら

2025年2月25日　第1刷発行
2025年3月25日　第2刷発行

著者　一田憲子《いちだのりこ》
発行者　佐藤　靖
発行所　大和《だいわ》書房
東京都文京区関口1-33-4
電話　03-3203-4511

本文印刷　信毎書籍印刷
カバー印刷　歩プロセス
製本　ナショナル製本

©2025 Noriko Ichida Printed in Japan
ISBN978-4-479-78618-4
乱丁・落丁本はお取り替えいたします。
http://www.daiwashobo.co.jp